中国古砚

考访与研究

上海博物馆 编

北京大学出版社
PEKING UNIVERSITY PRESS

目录

赏砚

访砚

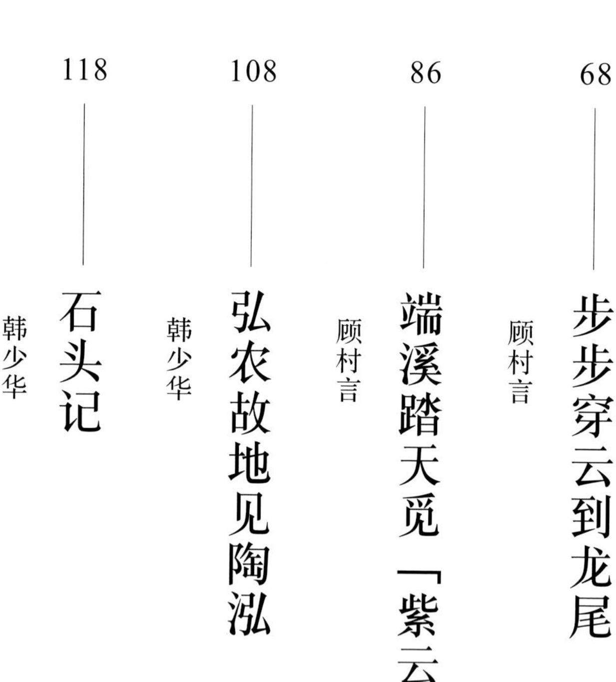

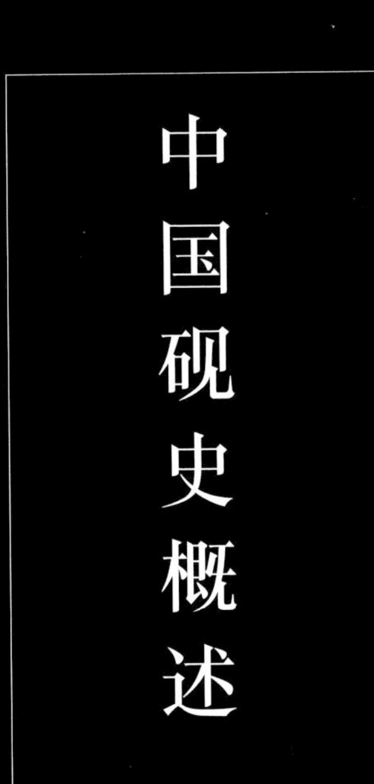
中国砚史概述

◎笔、墨、纸、砚是中国传统的书写工具，对传播中华文明、发展中华文化贡献重大，故有『文房四宝』之誉。在文房四宝中，砚位居末席，只是笔墨纸三宝作为有机物，不易流存，而砚质地坚实，出土与传世的古砚有相当数量，故成为文房四宝中的研究重点。

◎砚亦称为研，汉末刘熙《释名》曰：『砚者，研也，可研墨使和濡也。』指出砚是研墨的工具。陕西临潼姜寨仰韶文化遗址出土一套用于研磨彩绘陶器颜料的研磨器具，是砚的前身，而迄今所知最早的砚是湖北云梦睡虎地秦墓出土的石砚，共有两方，为不太规则的圆饼形，用鹅卵石加工制成。从此，拉开了二千多年古砚发展的序幕。

一

◎近几十年以来，汉晋古砚有大量的考古出土，为研究该时期砚形的特征提供了实物佐证。

◎考察砚的早期形态，战国秦汉至六朝初期流行的砚形有圆饼形砚、板砚（所谓黛砚、黛板）和带有高浮雕动物盖的三足石砚。西汉时期多见圆饼形砚，东汉时在圆饼形砚的基础上，发展出带有高浮雕动物盖的三足石砚。板砚则是汉代最普及的砚形。东汉的三足石砚制作精美，艺术水平高，是砚史上的奇葩。圆饼形砚、板砚的材质以石料为多，也见有陶质。

◎此阶段与砚同出的往往有研石（也见陶质），亦称研子，是用来压着墨以磨出墨汁的，这是因为战国秦汉墨多为丸状，尺寸偏小，不能手持墨直接在砚上研磨，故需要研子（图1-1）。

◎汉砚的风格与汉代的社会思想与经济基础休戚相关。汉代是统一的、多民族封建国家的建立与发展时期，国力强盛，社会稳定，使中国古代文化步入了一个黄金时代。

◎汉代的工艺美术在历史上的成就显著，意义深远，鲁迅先生以『深沉雄大』予以高度评价。工艺美术作品注意整体刻画、大局安排，朴素而不单调，粗犷而不鄙野，浑厚而不凝滞，豪放而不疏散，充满着大胆的想象、夸张，有一种飞扬、流动的感觉，有一种『气势』之美。

◎汉砚中主要的三种形制中，圆饼形砚与板砚属于砚的初级形

态，以实用为目的。东汉的有盖三足砚则充分展示了汉代工艺美术『深沉雄大』的气势美。三足砚盖都为动物造型，无论是馆藏的卧虎盖，还是鸟形盖、龙形盖、兽形盖等，都诠释了汉代工艺的艺术特点（**图1-2**）。

◎ 六朝时期，由于陶瓷业的空前发展，陶瓷器深入到社会生活的各个方面，陶瓷取代石成为最主要的砚材。三国两晋时期由带有高浮雕动物盖的三足石砚演变成的三足陶瓷圆砚十分多见，南北朝时，陶瓷圆砚的足数增加。由于六朝时期中国陶瓷主要产地在南方，故北方陶瓷圆砚的使用远少于南方。北方的上层社会流行一种方形带足石砚，其上有精美的雕刻，是东汉三足石砚的绪风。这种石砚在砚堂外往往有耳杯形水池，有的还有笔舔。

二

◎ 进入隋唐时期，由于经济发达，文化昌盛，砚有了一定的发展。后世盛传的唐代名砚有端砚、歙砚、红丝砚与澄泥砚等。但是，具体情况与传说有一定的差异。

图 1-1

西汉圆饼形石砚（附研石）

—

直径 9.5 厘米、高 0.6 厘米

1982-1983 年上海青浦福泉山西汉晚期 M20 墓出土

上海博物馆藏

◎端石出产于广东肇庆羚羊峡斧柯山端溪水一带，唐代肇庆属端州，故名端砚。唐代的文献已有端砚记载，文献的创作年代在中唐和晚唐。历年来的考古发掘也表明唐代已经开采端石。如1997年广东广州市淘金坑唐墓、1952年湖南长沙市仰天湖第705号唐墓、1965年广州市动物园麻鹰岗唐墓等多有端砚出土。据研究『这些唐代墓葬都属晚唐，初唐和中唐时期不论是遗址还是墓葬都不曾有关于端砚的报导』。综合文献与考古资料，相信端溪石砚是从中唐以后才具有规模的开采，晚唐开始流行。

◎与端砚比肩的歙砚产于江西婺源龙尾山，此地唐时属歙州，故名歙砚，又称龙尾砚。在1976年安徽合肥市机务段唐开成五年（840）刘玉墓出土一方。北宋唐积《歙州砚谱》记载，唐代开元年间有猎人采歙石为砚。但此为宋人追录。鉴于歙砚在唐代仅有个例出现，并且没有唐人记载，所以说，这一时期，歙砚只是身影初现。

◎红丝砚产于山东青州，其色红、黄相间，常有红色纹理，故名。红丝砚在这一时期既无考古出土亦无唐人文献佐证。

◎端、歙、红丝皆为石砚，而澄泥砚是一种陶砚，用经仔细淘

图 1-2

东汉卧虎盖三足石砚

最大径 6.2 厘米
口径 5.8 厘米
连盖高 4.5 厘米
上海博物馆藏

洗、过滤的细泥加坚固剂做成坯块，风干后雕琢为砚形，烧制而成。澄泥砚具有相当的耐磨性，且有不易渗水的特性。其产地主要在北方。南唐张洎《贾氏谭录》云：『绛县人善制澄泥砚，缝绢囊置汾水中，踰年而后取沙泥之细者已实囊矣，陶为砚水不涸焉。』是澄泥砚制作法的最早说明。按传统的说法，唐代已有澄泥砚，考查考古资料，1983年河南洛阳隋唐东都城遗址出土有唐早期的龟形澄泥残砚。上海博物馆藏唐龟形澄泥砚砚底有『开方』两字，『开方』即今河南省三门峡市灵宝市开方村，是虢州澄泥产地（**图1-3**）。综合文献与实物两方面因素，五代已有关于澄泥砚的制作方法，唐代已有澄泥砚的个例，澄泥砚唐代已经产生，但并不普及。

◎在砚形上，隋唐五代时期主要流行圆形多足砚与箕形砚。前期以圆形多足砚为多，中唐以后箕形砚开始占主导地位。圆形多足砚大多为陶瓷制品，在南北朝多足圆砚的基础上，足数进一步增加，并且发展出圈足砚。隋唐流行的周沿水槽凹陷的辟雍砚也是多足砚的主流（**图1-4**）。唐中期以后随着箕形砚的兴起，圆砚随之衰落。到了五代，在出土砚中迄今未发现圆砚。箕形砚大多为陶质和

图1-3
唐龟形澄泥砚
长22.2厘米
宽17.7厘米
连盖高7.7厘米
上海博物馆藏

石质，其形如簸箕，出现于唐代。箕形砚主要有两种形式：一式：砚首稍圆，上窄下宽，内凹，砚尾弧形，有二足；二式：砚首弧形，组成砚的几个平面钝角相交而产生折痕，有二足（图1-5）。唐代时，此两种箕形砚以一式为多，二式较为少见，时代偏晚。五代的砚形以箕形砚为主，并且，多见二式箕形砚。除了圆形多足砚与箕形砚外，该时期还有少量方形砚、龟形砚和山形砚出土。

◎三

宋代是中国历史上文化高度发达的时期，重文轻武的基本国策推进了文化艺术的发展，文人阶层的社会地位得到了极大的提高，成为人们敬仰的对象。文人雅士的审美意趣和价值取向渗透进艺术活动的方方面面。这种文人气质在工艺美术上表现为含蓄、内敛、自然、淡泊、清新和儒雅的艺术特征。体现在砚（石砚）上是赞赏自然的石品、石性以简洁、质朴的造型取胜，少有繁缛的装饰，具有端庄、雅致、素净的艺术风格。

图 1-4
唐青瓷辟雍砚
—
口径 5.1 厘米
底径 6.2 厘米
高 2.6 厘米
顾丽江先生捐赠
上海博物馆藏

◎北宋米芾《砚史》云：『器以用为功……夫如是，则石理发墨（石性）为上，色（石品）次之，形制工拙（造型）又其次，文藻缘饰（装饰）虽天然，失砚之用。』米芾评砚表明宋人推崇砚的自然属性（石性、石品），其次为造型，而对装饰不屑一顾。

◎类似的记载在宋代砚录类文献甚至文人笔记中多见，多是对砚石（亦有个别澄泥、玉等）产地、石性、石品、砚形的描述，甚少提及砚的雕琢与纹饰。这与宋代文人的艺术情趣是完全吻合的。

◎由于重视砚的自然属性，材质出众，色泽、纹理上佳的名砚引来文人雅士的追逐。宋代文献中，对名砚的记载比比皆是，特别是所谓『端、歙、澄泥、洮河』四大名砚。同时，考古出土的名砚也比隋唐五代时期大大增多。

◎在唐代初展风姿的端砚到了宋代更受推崇。南宋《端溪砚谱》是端砚的专著，南宋高似孙（？－1231）《砚笺》四卷第一卷专论端砚，分论端石砚坑、石眼、石病等。考古数据显示，宋辽金出土的端砚数量有近二十方，如1958年广东潮州北宋刘景墓、1988年安徽合肥北宋马绍庭夫妇合葬墓皆

图 1-5
唐箕形虢石砚

长 18.9 厘米
面宽 9~13 厘米
高 4 厘米
徐森玉先生捐赠
上海博物馆藏

出土抄手端砚，除了抄手形，还有圆形、葫芦形、琴形、箕形等，大多无装饰纹样。出土地点有广东、江西、浙江、江苏、安徽、四川等南方地区，说明端砚在南方已十分普及。

◎歙砚在宋代进入了繁荣时期，官方曾组织多次开采，开挖的砚坑与收获的石品数量众多。歙砚兴旺的程度在文献上得到充足的反映。北宋唐积《歙州砚谱》、南宋《辨歙石说》、宋《歙砚说》等专著，对歙砚的缘起、砚坑、石性、石品和砚形的记载详尽，是了解其历史和宋代歙砚基本情况的珍贵史料。考古出土的歙砚有近十方，主要是抄手形，亦见有圆形、椭圆形等，大多无饰纹。1988年安徽合肥北宋马绍庭夫妇合葬墓出土的抄手歙砚，石色青莹，石理缜密，出土时置于漆砚盒中，是墓主人的文房伴侣。2005年江苏金坛市茅麓镇石马坟北宋墓出土的抄手歙砚，有精细紧密的犀角罗纹。出土地点大多在安徽以及邻近的江苏、浙江和江西等地。

◎澄泥砚到宋辽金时期已十分兴盛，产地扩大，在北方的绛州、虢州、泽州（今山西晋城）、相州（今河南安阳一带）、山东的柘沟镇以及淮河流域的濠州（今安徽凤阳一带）等地都有生产**（图1-6）**。已经出土的澄泥砚有十几方，

图 1-6

北宋张思净造抄手澄泥砚

长 18.2 厘米
面宽 10.6~11.9 厘米
底前宽 9.5 厘米
高 2.9 厘米
上海博物馆藏

出土地点集中在北方，如河南、山东、内蒙古、北京等地，南方的湖南，以及长江下游的安徽潜山、江苏宝应亦有发现，砚形为抄手形、箕形和圆形等。许多澄泥砚上还留有制造者的名款。如江苏宝应北宋墓群出土的一方抄手澄泥砚，砚背有两行模印文『濠州刘家澄泥造□』，辽庆州古城的长方八角形澄泥砚，底模印『西京仁和坊李让』，『罗土澄泥砚瓦记』。

◎ 宋代的另一名砚是产于甘肃的洮河砚，洮石产于甘肃洮河沿岸，故名洮河砚。洮河砚开采于宋代，其绿如蓝，润如玉，颇受宋代文人的青睐。只是因地处偏远，开采困难，运输不便，这一时期出土砚中没有洮河砚。

◎ 在砚形上，唐五代流行的箕形砚在宋代已逐渐稀有，而北方的辽金则更多继承了箕形砚的传统，并发展出从砚首至两侧边有凹弧形装饰带的箕形砚和带有各种台座的箕形砚，富有辽金的时代特色。宋代以抄手砚为主流，是由唐代箕形砚演变而来，砚背可抄入，便于移动，故称。宋代的抄手砚砚首略窄，砚尾略宽，三侧壁呈收敛之势，具上大下小之感，砚的截面为梯形。

四

◎ 中国砚史发展至宋辽金，虽然某些砚上出现了装饰纹样和刻铭，但整体来说，元明以前的砚还是以实用为主。元明时期，砚发生了许多变化，逐渐脱离实用的束缚，成为一种艺术与实用兼有的工艺美术品。由此，砚形变化多样，已不复固定的样式。

◎ 元明砚的材质有石、陶、瓷、铁等（图1-7），石砚在明代更为多见，石材成了砚最主要的原料，结束了长久以来，石、陶（瓦）砚并举的局面。在石材中，由于明代停产歙石，洮河石产量少而开采困难，端石成为石砚中的首选。端石的质地、石品受到更大的注重。可以说，端砚成为砚中翘楚始于明代（图1-8）。

◎ 属于陶砚范畴的澄泥砚继续烧制，但烧制工艺在明代有很大改进，已有绿豆沙、蟮鱼黄、朱砂等澄泥佳品（图1-9）。瓷砚的制作在明代也盛行一时，多数是景德镇民窑烧制，以青花为主，砚形大体为圆形或长方形，纹饰以龙凤或缠枝花卉居多。

◎玉砚在明砚中也占有一席之地，其造型雄浑、浑厚，素面或饰纹较少，用来琢制玉砚的玉质并非上等，以青玉、青白玉为主，含有较多杂质，透明度不高。

◎元明砚的造型有承袭早期的箕形**（图1-10）**、抄手形**（图1-11）**、长方形、圆形等，也有各种富有个性的样式**（图1-12）（图1-13）**。风格浑厚古朴，明快简洁，端庄大气。其砚形多样化的倾向，预示清代各款砚形百花齐放局面的到来。

◎石砚的雕刻技艺也颇有特点：一般以浅浮雕凸现纹样，辅以阴刻，有的适当穿插深刀技法。琢制的图案具有生动雅致、简练流畅、浑厚而富于变化的特征。

◎题铭石砚在元明有较多出现。大多镌刻于砚底或砚侧，铭刻较之前代有增长的趋势，铭文内容也有增加**（图1-14）**。

◎元明石砚的纹样题材已十分广泛。山水、人物、花鸟、鱼虫、走兽等多有表现，其中尤以云龙、龙凤、双凤、松鹤、竹节、荷叶、仙桃、灵芝、秋叶等纹样居多。

图 1-7
元箕形铁砚
|
长 18 厘米
宽 16.6 厘米
高 3.5 厘米
上海博物馆藏
伍必熙先生捐赠

图 1-8
明永乐乙未年（1415）沈度铭箕形端砚
—
长 25.7 厘米
宽 16.5 厘米
高 3.9 厘米
上海博物馆藏

图 1-9
元嵌端石连盖长方形蓬莱仙岛澄泥砚
—
长 18.2 厘米
宽 11.6 厘米
连盖高 4.2 厘米
1952 年上海市青浦重固镇高家台元代晚期任氏家族墓出土
上海博物馆藏

图 1-10

明箕形端砚

—

长 22 厘米

宽 13.8 厘米

高 3 厘米

1966 年上海宝山顾村明万历朱守城夫妇墓出土

上海博物馆藏

图 1-11

明古桃州风雨抄手端砚

—

长 18 厘米

宽 10.2 厘米

高 5.6 厘米

上海博物馆藏

图 1-12

明袁裘端砚

—

长 10 厘米

宽 9.8 厘米

高 2.5 厘米

上海博物馆藏

随形而作，半雕半璞，砚面门字形，砚堂平坦，墨池下陷，砚堂有一绿眼，背有五眼。砚上侧刻隶书『五砚之三』；砚背有清代文学家袁枚的隶书题铭：『形如断圭，质比良玉，君子居之，归真返朴。』

此砚始为明代袁裘所有，后被其十世孙袁廷梼购得，成为其所藏五砚之第三砚。袁枚亦是袁裘之后，故为此砚两次作铭，堪称传奇。

图 1-13

明镂空刻花铜暖砚

—

长 17.1 厘米

宽 9.5 厘米

高 6.8 厘米

上海博物馆藏

长方形。由两方砚套迭组成双层砚式，上层为砚体，墨池呈半月形，下层设有一抽屉，其内可放置小碳加温。砚侧四周均透雕缠枝纹，除美观外还具有通风的功用。此砚形制独特，制作精致，设计精巧，是暖砚中的精品。

图 1-14

明陈洪绶铭抄手端砚

—

长 16.5 厘米

宽 10 厘米

高 5 厘米

蒋震如、蒋祖同先生捐赠

上海博物馆藏

长方形抄手式。砚上侧行书铭『香光主者砚』；左侧有行草书铭：『吾身与子惜如玉，悤之金谷则取辱。』款落『老莲』。书法骨气洞达，遒劲有力而又流畅自然。抒发了陈洪绶视金银钱谷、高官厚禄为耻辱的清风亮节。

五

◎中国的砚史发展到清代，进入了全盛时期，如同其他工艺美术品一样，达到了空前的繁荣。

◎在砚的取材上更为丰富，端砚的开采量加大，不断有新的砚坑被发现，端砚砚坑的数量由清初的十一个增加至七十余个。清初高兆《端溪砚石考》云：『峡（羚羊峡）石矿凡十一。』清初钱以垲《岭海见闻》曰：『端溪产砚坑，凡十有一。』**（图1-15）**到了道光年间，《宝砚堂砚辨》的作者何传瑶说：『夫端溪之老坑止一，而杂坑不下七十种，即质色甚类老坑者，亦不下十数种。』这些新发现的砚坑，包括了端石三大坑之一的麻子坑。

◎歙石则结束了在明朝没有大规模开采的历史，乾隆年间曾数次正式开采，其中有一次被清代著名学者、歙县人程瑶田记载：『乾隆丁酉（1777）夏五月，余从京师归于歙，时方采龙尾石琢砚，以供方物之贡，其石之不中绳矩者，砚工自琢之，以售于人。』由此可知，歙石在此时主要为进贡的方物，亦有石质稍逊者，流入民间**（图1-16）**。

图1-15

清康熙庚午年（1690）吴兴祚端砚

—

长14.1厘米

宽9.7厘米

高2.3厘米

上海博物馆藏

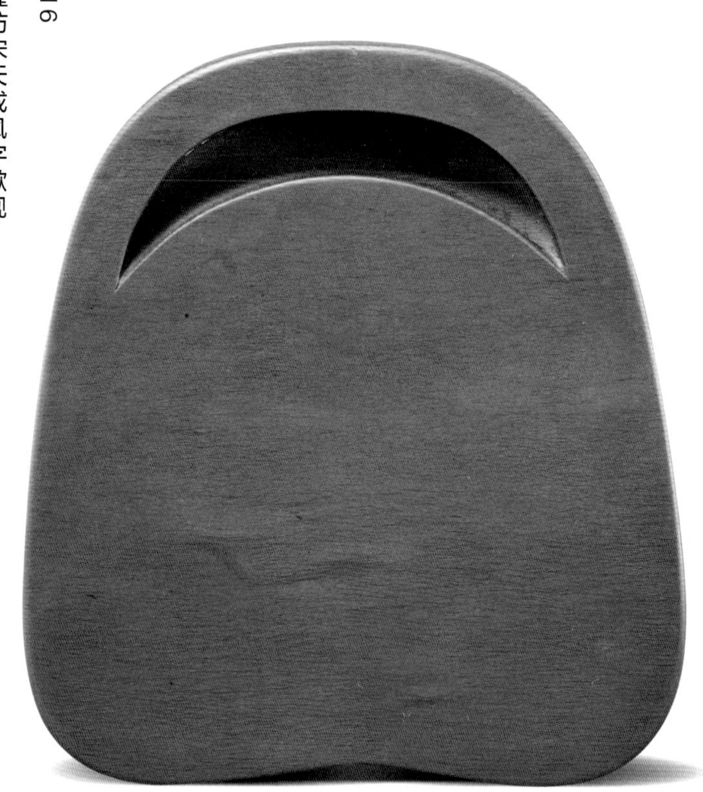

图 1-16
清乾隆仿宋天成风字歙砚

长 10.7 厘米
宽 9.8 厘米
高 2.5 厘米
王一平先生捐赠
上海博物馆藏

◎ 松花江流域的松花石，由于开采于清皇室的发祥地，而倍受推崇，在康熙年间成为御用砚。是清代新增的一种砚材（图1-17）。

◎ 以砖瓦为材质琢制的砖瓦砚，在金石考据学盛行的清代，深受文人的青睐，其流行程度较之前代，有了很大的提升。

◎ 清代中晚期扬州所制的漆砂砚，是一种轻巧耐用的新品种，漆砂砚盛行于清中期，以卢栋之作最负盛名（图1-18）。

◎ 除了上述砚材的变化，瓷砚、玉砚、水晶砚、玛瑙砚、翡翠砚以及各类地方性砚石在清代亦是各行其道。

◎ 在砚的造型上，已经完全突破箕形、抄手形、长方形、圆形的樊篱。各种仿植物（图1-19）、仿生物、仿古、几何形以及按照原石样式琢制的随形等造型，在清砚中各占一席。

◎ 清砚的纹样题材更加广博，常见有龙凤（图1-20）、祥瑞（图1-21）、花卉、瓜果、飞禽、走兽、人物（图1-22）、典故、山水以及各种吉祥图案（图1-23）和仿古纹饰（图1-24）。

◎ 清砚的雕琢技法以阴、阳线刻与浅浮雕为主，参以局部的镂空雕。展现出生动、精致的雕琢风格（图1-25）。

图1-17

清康熙御制双螭纹松花石砚

长 7.7 厘米

宽 4.8 厘米

连盖高 2.2 厘米

上海博物馆藏

图 1-18
清道光庚子年（1840）卢栋制漆砂圆砚
—
口径 13.1 厘米
高 3.2 厘米
上海博物馆藏

图 1-19
清雍正丁未年（1727）高凤翰铭田田端砚
—
长 13 厘米
宽 11 厘米
高 2 厘米
上海博物馆藏

图 1-20

清道光庚寅年（1830）龙凤纹洮河石砚

长 27.9 厘米
宽 21.8 厘米
高 4.3 厘米
上海博物馆藏

图 1-21

清嘉庆甲子年（1804）纪昀铭螭纹端砚

—

长 15.4 厘米

宽 10.7 厘米

高 1.9 厘米

上海博物馆藏

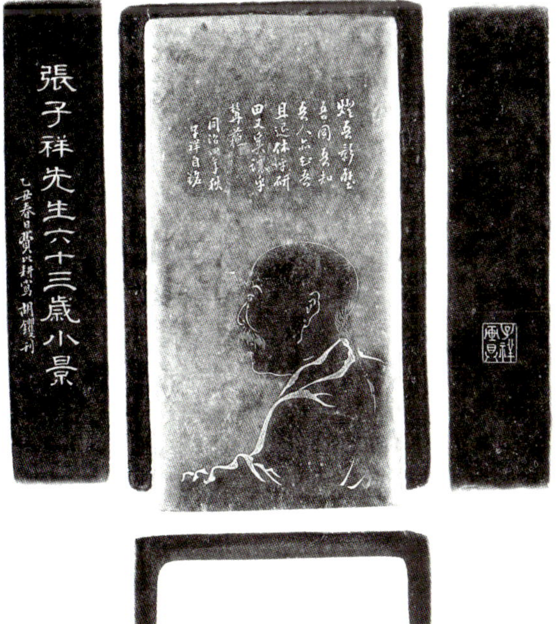

图 1-22

清同治乙丑年（1865）费以耕画胡镢刻张熊小像抄手端砚

长 29 厘米

宽 18.7 厘米

高 6.3 厘米

上海博物馆藏

此砚见证了一段文人之间的佳缘，同治四年，海上画派的大家张熊六十三岁，人物画家费丹旭之子费以耕为其作小像，由篆刻家胡镢刻于砚背，时为乙丑（同治四年）之春，至秋日，张熊又自铭于像上，言语中洋溢着老而弥坚、砚耕不已之志。

图 1-23

清道光丁酉（1837）杨澥铭两虫端砚

—

长 13.5 厘米

宽 7.3 厘米

高 5.2 厘米

上海博物馆藏

图 1-24

清嘉庆辛酉年（1801）张燕昌摹刻西晋太康瓦券端砚

—

长 18.5 厘米

宽 11.4 厘米

高 3.2 厘米

上海博物馆藏

◎文人题铭砚在清代发展到极致，题铭内容涉及砚的制作者或拥有者、砚的来源、砚的开采、材质与形制的描写和赞颂以及表达文人的认知、感悟、志向等思想情感诸方面。题铭的书体以行、隶、篆、楷、草为主，旁及金文、石鼓文等，此时，文人雅士参与制砚、刻铭已成为一种风尚（图1-26）（图1-27）（图1-28）。

◎整体而言，清砚是中国砚史的巅峰之作，砚材取用、造型、纹饰，雕琢工艺、题铭砚等诸方面，多超越了前代，达到了新的高峰。但是，清砚与清代工艺美术相比，有其自身的特点。砚的功能在于研墨，砚面通常要保留砚堂与墨池，留作饰纹的地方并不多，所以，砚上一般不作复杂的构图，大多是特写的画面与带状的纹样，与清代工艺美术中的繁缛纤细、华丽精细、富丽堂皇的艺术风格相比，清砚表现出独有的艺术作风。是所谓因石施艺，随形饰纹，显瑜隐瑕（图1-29）（图1-30）。清砚的艺术成就也是在这一创作特点上，逐步建立起来的。

（本文所有配图均出自于2015年上海博物馆主办『惟砚作田：上海博物馆藏砚精粹』展览）

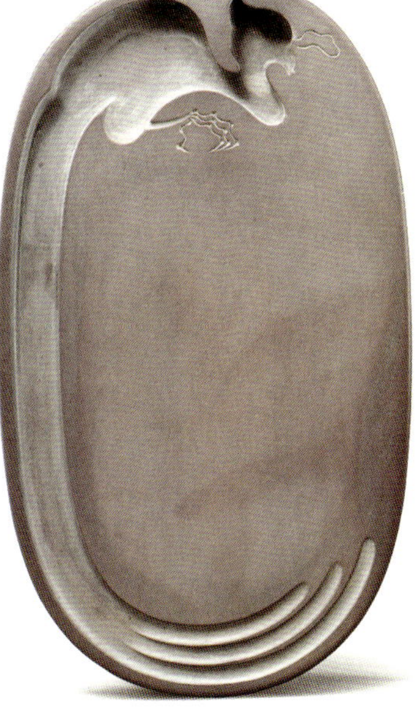

图 1-25
清道光壬午（1822）计楠铭凤凰池端砚
—
长16厘米
宽9.4厘米
高1.7厘米
上海博物馆藏

图 1-26

清丁敬铭二十八宿端砚

—

长 18.9 厘米

宽 12.7 厘米

高 2.6 厘米

上海博物馆藏

圆角长方形，呈紫红色，有蕉叶白、青花、冰纹、金线、火捺等石品。砚的正背面有大小不等、色泽不一的二十八枚活眼组成所谓二十八宿图。

此砚砚质、石品、雕刻俱精，砚上铭文多篇，涉及丁敬、石卿（何传瑶）、戴熙、张岳崧和窓斋（吴大澄）等多位清代著名金石学家、砚学家。

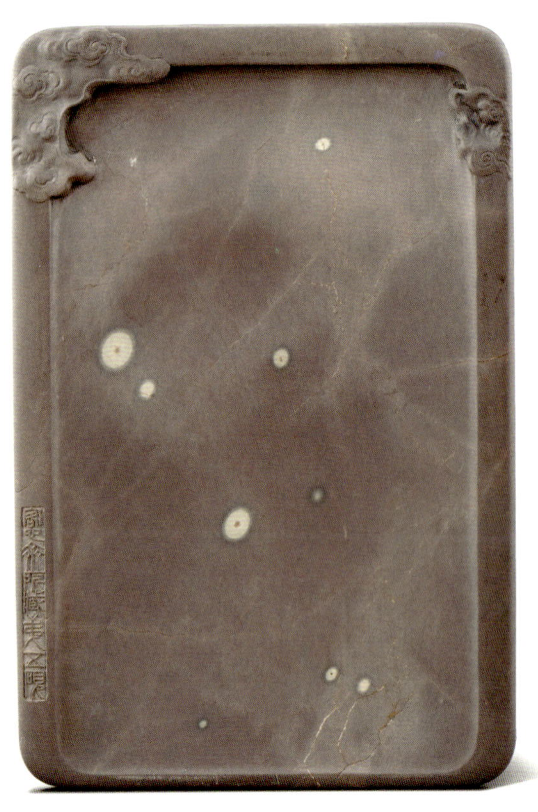

图1-27

清嘉庆癸亥年（1803）伊秉绶铭半璧端砚

半径8.4厘米

高1.3厘米

王一平先生捐赠

上海博物馆藏

图 1-28

清嘉庆甲戌年（1814）高晟刻翁方纲临兰亭序端砚

—

长 25.4 厘米

宽 16.8 厘米

高 3.9 厘米

上海博物馆藏

图 1-29

清吴云铭端砚板

—

长 15.1 厘米

宽 10 厘米

高 2.2 厘米

上海博物馆藏

所谓砚板是将佳石制成板状，以天然的砚质取胜。砚左侧篆书铭『无上神品』。落款『两垒轩主人平生珍秘』，为金石学家、藏书家吴云（1811－1883）的收藏。

端砚以有石眼为贵，石眼按照形态分为鸲鹆眼、鹦哥眼、鹩哥眼、珊瑚鸟眼、雀眼、象眼等；按照神态分为活眼、死眼、瞎眼、泪眼等；按照位置分为高眼、低眼、底眼等。石眼中以鸲鹆眼最是名贵，其形椭圆，其色翠绿，石眼中夹有黄、碧、绿等色，晕作数层，眼中瞳子黑而圆正。

砚板上的石眼色呈翠绿，线条清楚，轮廓分明，瞳子明显，晕作八层，直径超过 2 厘米，并且位于砚额正中（所谓高眼），是鸲鹆眼中的佳品。

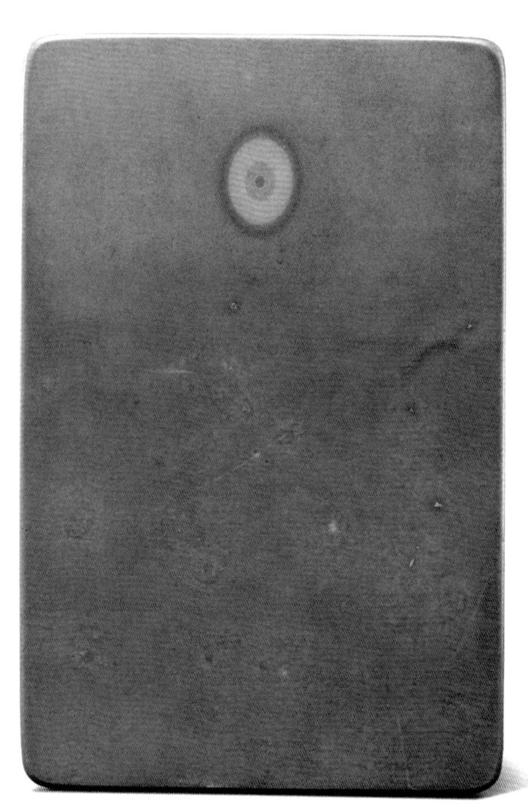

图 1-30

清光绪辛卯年（1891）邱启寿铭乐炳元刻端砚板

长 20 厘米

宽 15 厘米

高 3.1 厘米

上海博物馆藏

随形，板式，砚质绝佳，色似天青、胭脂，有鱼脑冻、火捺、青花、金线等石品。板砚的一面周缘起边，下半部有行书铭，铭文中提及清光绪十五年，时任湖广总督张之洞批准砚工重开淤塞多年的老坑，这是历史上最后一次有组织、有规模的老坑采石，所得的这批老坑石为砚中珍品，时人称为『张坑』。

正面

清光绪辛丑年（1901）

吴昌硕铭竹节形端砚

—

长 15.3 厘米

宽 12.8 厘米

高 2 厘米

上海博物馆藏

背面

背面拓片

正面

背面

二十世纪上半叶
陈端友制笋形端砚

长 17.4 厘米
宽 11.4 厘米
高 3.2 厘米
上海博物馆藏

砚盒

正面

背面

二十世纪上半叶

陈端友制松蕈形臒村石砚

—

长 13.4 厘米

宽 10.1 厘米

高 2.8 厘米

上海博物馆藏

砚盒

正面

背面

二十世纪下半叶

陈端友制九龟荷叶形端砚

—

长 17.7 厘米

宽 15.6 厘米

高 3.2 厘米

上海博物馆藏

砚盒

清代宫廷文房用具概述

◎清代宫廷文房用具品类丰富，笔、墨、纸、砚以及文房陈设器具，形式多样。其制作来源广泛，一部分出自内廷制作，另一部分来自于地方进贡，或按内廷样式交由地方杭州织造、苏州织造、江宁织造等承办制作，如御用笔、御用纸等。清代内廷设有『墨作』『砚作』，专门负责御用墨和砚品的制作。一般是由内廷画师按皇帝谕旨画样呈览准做，即形成『内廷恭造之式』。

一、清代宫廷御用笔

◎清代内廷御用笔的制作，所用材质精良，金银玉翠、木竹牙管，应有尽有。表现在装饰、造型方面更趋于观赏性、艺术性，集多种工艺技法于一体，雕镂饰管，极尽工巧。清代仍以浙江湖州制笔最负盛名，每年地方例贡文房用具中均以湖笔数量最多，也有一些题名管笔是按内廷样式交由地方织造承办制作。各地巡抚官员每年朝贡也均以湖笔进贡。

◎清代内廷用笔，由江南织造、江宁织造、杭州织造等按内廷发样承办制作，而大量的则是来自地方进贡，每年地方官员单以毛笔进贡的数额即高达数万件。除大量的御用笔备用外，还有颁发内廷各处记录、抄书或赏赐等用途。据章乃炜《清宫述闻》记载：『庚申十月，赐内阁翰林院官笔五千枝，为阁中票签、院中讲章、记注之用。内阁分其半，余给讲官人各五十枝，写正本者人各五十枝，写副本者人各三十枝。更以五百枝备写档案，存起居注。五百枝备写讲章，存外衙门。笔为丁酉年制，世祖御书房所藏也。』从上述记载可知，清代内廷所需用笔的数量可观。

◎内廷用笔，主要来自于地方进贡。清吴振棫《养吉斋丛录》记述：『供御文房四事，别类称名，不可胜纪……笔之属则以书「福」笔为「万禩珍用」之管。所谓赐福苍生也；御书常用者，有斑竹管、大提笔、髹漆、文檀各种提笔。其寻常供用朱书、墨书之用者，则有万年青管、经天纬地、万年枝、云中鹤、惟精惟一、云汉为章，及竹管、檀管、钿管、皆由外省供进。』正如乾隆朝《宫中进单》所载：乾隆十六年（1751）十二月，两浙盐政兼织造，苏楞额贡有笔墨纸砚数百件，其中笔品有『经天纬地』『万年青』『云汉为章』『表正万方』『小紫颖』『云中鹤』『檀香笔』等。这些题

铭管笔多是平常皇帝御笔朱书、墨书之用。清代地方官员每年均以湖笔进贡，如乾隆二十六年七月，云南巡抚刘藻贡物，仅湖笔一项数目高达四百二十枝。至乾隆晚期，增加至五百零三枝。因库存数量过多，乾隆晚期便减少各地进贡方物，其中毛笔的数量也有减贡。以上所记例贡毛笔均为湖笔，由此可见，当时浙江湖笔，成为宫廷御用笔的主要来源。

◎御用毛笔的形制种类丰富，极具特点。其材质有竹管、木管、漆管、瓷管、玉管（图2-1）、玳瑁管、骨角、牙管等。除一般常用的传统管笔外，还流行一种带斗的提笔和抓笔。其中提笔的形制一般由笔管和笔斗两部分组成，也有管斗一体的形式，在清代有大量制作并广为流行。提笔的管斗装饰精美，笔斗与笔管的取材或相同或相异，争相斗艳，即实用又具装饰效果。笔斗的材质各异，如玉斗、牙斗、木斗、珐琅斗、骨角斗、瓷斗等，形制多样，富于变化。按提笔规格的大小不同，又有小提笔、中提笔、大提笔之分。因提笔纳毫丰满，且笔直沉稳，适宜书写各种书体。抓笔较提笔更加沉稳，纳毫丰满圆健，笔的形制短而粗壮，一般为鬃毫制

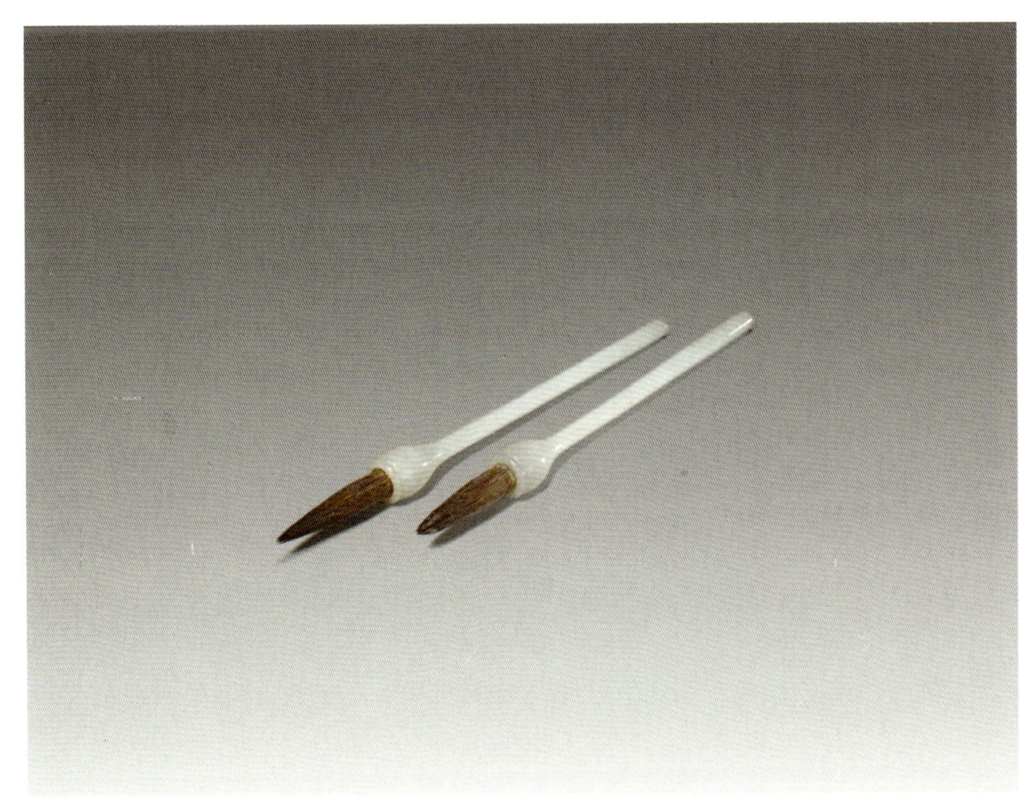

图2-1 清早期青玉管兼毫提笔

成，适于书写匾额、横幅大字。（图2-2）

◎毛笔的选毫讲究，常见有兔毫、羊毫、兼毫、狼毫、貂毫、鬃毫等，并有敷彩毫或点翠笔毫，装饰精美。笔毫的造型也富于变化，有兰花蕊式、笋尖式、葫芦头式等，形式独特。除选毫精细外，其笔颖更具『尖、齐、圆、健』之美，特别是彩毫装饰，更将实用笔的制作与精美的装饰艺术完美结合，形成了清代毛笔各具特色的时代风格。

◎笔管的题铭是清代制笔工艺的特点之一。特别是清代宫廷御用笔，笔管上镌刻题名，一般常为歌功颂德的词语，如『万邦作孚』『万国咸宁』『万国来朝』『表正万方』『歌舞升平』『光被四表』『泽被遐方』『珠联璧合』等；或寓意吉祥福寿内容，如『海屋添筹』『万寿无疆』『万年景运』『万福攸同』『河洛呈祥』『海晏河清』『鸾翔凤翥』等，赋予毛笔丰富的文化内涵。又如称赞笔品优良的题铭，『挥毫落纸生云烟』『管城无处不生花』『无思不入奇』『珠圆玉润』『中书君』『宇宙经纶』等溢美之词。另有取悦帝王的词章，如『澄心如玉写黄庭』『天颜有喜近臣知』等等，表现于笔上，无不构思奇妙。特别是每年元旦或新春，皇

图2-2 清乾隆描金漆绘云蝠纹鬃毫抓笔

帝都要举行开笔仪式，案设盛有屠苏酒的金瓯永固杯，置放朱红描金云龙绢及朱墨，其书『福』用笔，管端镌铭『万年枝』或『万年青』（图2-3），或『万禩珍用』管笔，御笔亲书吉语，祈福苍生，永保江山基业永固。这些题铭诗句的御用笔，大部分是按内廷的要求或样式交由地方制作，至今故宫博物院藏有文房用笔数千余件，大部分尚未开笔使用，应为内廷御用或陈设备用笔。

图2-3 清万年青管毛笔

二、清代宫廷御用墨

◎ 清代宫廷造办处设有『墨作』，专门负责御用黑墨和朱墨的制作。『墨作』自康熙年间建立至清代晚期一直沿袭制作，所制御墨均形成『内廷恭造之式』，以康熙、雍正、乾隆时期最具特点，如以内廷书斋命名于墨品，或仿古集锦墨等，装潢考究，极具皇家品位。墨品均署『御墨』字样或制作年款，其在造型、装饰等方面呈现出宫廷独特的风格。

内廷御墨

◎ 清康熙时期以内廷书斋命名的墨品，成为内廷御墨的重要特点之一，如以『佩文斋』命名的墨品有：佩文斋藏墨、佩文斋珍藏墨、佩文斋临古墨、佩文斋法墨；还有以『渊鉴斋』命名的墨品有：渊鉴斋墨、渊鉴斋法墨、渊鉴斋摹古宝墨、渊鉴斋评选古文藏墨、渊鉴斋清赏墨等。这些墨品均署『御墨』字样，且形式各异。以书斋命名于墨，极具文人雅趣。『佩文斋』是康熙皇帝在畅春园的起居处兼书房，也是该园

图 2-4　清乾隆御制淳化轩墨

诸多文馆中最重要的文化活动场所。『渊鉴斋』与佩文斋紧邻，也是畅春园内的一处重要书房，是康熙皇帝经常临幸并挥毫染翰的场所。乾隆时期内廷御墨的制作，也有一些以斋堂轩室命名的墨品，如敬胜斋珍法墨、敬胜斋珍藏墨、遂初堂藏墨、御制淳化轩墨（图2-4）等，各朝均承袭制作，并形成定式。这些以书斋命名的墨品，极具实用性，不仅成为内廷文化活动的消耗品，而且也赋予墨品浓郁的文化气息。

◎ 除以内廷书斋命名于墨品外，内廷『墨作』还制作有大量的博古集锦墨，墨品的形制不局限于单锭墨，而是以多种形式

组合的套墨、博古集锦墨。如乾隆时期所制各式博古墨品，有仿古式、仿康熙朝墨式等，有以造型命名的墨品，也有以纹饰命名的墨品等，多达数十种。如乾隆四十年重装所制博古墨，以四十种墨式组合而成，分别为螭佩、玉龛、青圭、昭文、国宝、七香图、鱼佩、艳友、春华秋实、仙山楼阁、天保九如（图2-5）、有虞十二章、内殿轻煤等等，并特制红雕漆龙纹墨匣盛装，为内廷精制御墨。这些博古墨除本色黑墨外，还制作有各式彩墨或漱金墨以及在墨品纹饰上描金或彩绘，极具皇家品味。

图2-5　清乾隆描金彩绘天保九如御墨

地方贡墨

◎清代内廷御用墨品，除上述内廷『墨作』所制御墨外，还有一些是按内廷样式交由杭州织造、苏州织造、江宁织造等制办，或由地方按年例进贡，每年地方官员均有例贡徽墨。如乾隆时期的《宫中进单》详尽记录了当年地方进贡墨品的情况。

◎从表中所列各地贡墨分析，地方例贡墨品中多以『朱锭』『徽墨』共二百锭为数进贡，每次进贡的墨品均为万年红朱锭和徽墨，其中徽墨有『光被四表』墨、『太平雨露』墨、『耕织图』墨等，至今这些贡墨仍有一部分传世。由此可见，徽墨在乾隆时期深受内廷青睐，由于宫廷的大量需求以及对徽州制墨技术的肯定，各地方均以徽墨进贡内廷。从而也影响和促进了徽州各派墨家的竞争发展。至今故宫博物院藏墨五万余件，其中有很多安徽巡抚进贡的黑墨和朱墨。

◎清代徽州以歙县、休宁、婺源三地制墨最负盛名，并也形成了三大制墨派系。其中汪希古、曹素功、汪近圣、汪节庵、胡开文、詹方寰等，世代以制墨为业，均有贡墨制作。如歙

乾隆朝地方官员贡墨一览表：

纪年	时间	官职	进贡官员	贡墨/数量	宫中进单
1750	乾隆十五年十二月	两江总督	黄廷桂	万年红锭二匣、徽墨二匣	0105
1751	乾隆十六年十二月	两江盐政兼织造	苏楞额	朱锭五十锭、徽墨五十锭	0089
1755	乾隆二十年七月初六日	漕运总督	瑚宝	朱砂翔龙红锭十匣、日月光华墨二十匣	0092
1755	乾隆二十年七月初八日	安徽巡抚	鄂乐舜	徽墨二匣、歙砚九方	0088
1757	乾隆二十二年十二月	江宁织造	托庸	云福朱锭二匣、太平雨露徽墨四匣	0101
1759	乾隆二十四年十二月	江宁织造	托庸	云福朱锭二匣、光被四表徽墨四匣	0101
1760	乾隆二十五年四月	安徽巡抚	高晋	徽墨二匣、歙砚九方	0041
1763	乾隆二十八年十二月		赫达塞	耕织图徽墨二匣	0037
1766	乾隆三十一年六月二十九日	安徽巡抚	冯钤	耕织全图墨一匣	0068
1768	乾隆三十四年四月二十七日	安徽巡抚	托庸	徽墨四匣、歙砚九方	0032
1770	乾隆三十五年四月二十五日	署理浙江巡抚	熊学鹏	万年红朱锭二百锭	0081
1771	乾隆三十六年十二月十五日	浙江巡抚	富勒浑	万年红朱锭二百锭、徽墨五十锭	0098
1775	乾隆四十年十二月	浙江巡抚	三宝	万年红朱锭二百锭	0105
1777	乾隆四十二年八月初一日	漕运总督	德保	朱锭一百锭、徽墨五匣	0023
1787	乾隆五十二年四月二十六日	浙江巡抚	觉罗琅玕	万年红朱锭一百锭、徽墨一百锭	0040
1789	乾隆五十四年十二月五日	浙江巡抚	觉罗琅玕	万年红朱锭一百锭、徽墨一百锭	0059
1789	乾隆五十四年十二月初七日	福建巡抚	徐嗣曾	朱锭一百锭、徽墨一百锭	0059

派最具代表的墨家是康熙年间曹素功『紫玉光』墨，被列为第一贡品。现今故宫博物院藏有康熙时期，曹素功谨制『御制耕织图诗文』墨，以及康熙五十三年（1714），汪希古恭摹『御制耕织图诗文』墨，均以康熙御制诗文为蓝本，分别摹勒于墨品，为四十七锭集锦墨形式。此后，至光绪年间，各朝均以御制耕织图诗墨进贡内廷，成为重要的贡墨形式。如汪节庵也有御制耕织图诗墨传世。汪近圣后代沿袭制墨，将汪氏墨品集成《鉴古斋墨薮》。其中所录乾隆朝贡墨，大部分是以乾隆帝御制诗文为蓝本创作墨式，墨模雕刻精细，诗书画印均可摹勒于墨。至今故宫博物院藏有汪氏墨品数百件，对了解汪氏制墨种类、形制特点等具有重要的史料价值。

◎ 休宁派所制墨品，多为雅俗共赏，装潢精致，其墨品多是集锦套墨或鉴赏墨等。代表墨家有叶玄卿、叶元英、汪次侯、吴天章、胡星聚、王丽文、胡开文等。特别是胡开文墨，墨品多至六十六种，如『艺林珍赏』墨、『五老图』墨等均有贡墨进贡内廷。

◎ 婺源派墨家也有少量的贡墨制作，婺源曾是徽墨烟料的主要来源地，素有『点烟于婺源』之说，所制墨品朴实无华。故宫博物院藏有詹永新、詹方寰、詹成圭、詹从先、詹应甲、詹大有等墨家墨品数百余件，署名监制或仿古法制，应为其特制贡墨进贡内廷。

三、清代宫廷用纸

◎ 清代宫廷用纸制作来源广泛，一般是交由地方织造，按宫廷式样尺度制办，每年各地官员均有纸绢进贡。纸品种类多样。特别是乾隆时期，制作有大量的仿古精制纸，均按内廷发样制作，数以万计的纸品源源不断地由地方进贡到清宫。

清代宫廷用纸来源

◎ 清代内廷用纸来源广泛，一般是由杭州织造、苏州织造、江宁织造等，按内廷画样承办制作。自清康、雍、乾时期至清代晚期，每年各地朝贡、岁贡、春贡、万寿贡等，均有纸绢进贡，其数量可观。特别是乾隆时期，每年各地进贡纸品数

以万计。如乾隆四十二年八月，漕运总督德保进贡『上用』纸绢，有『福字绢笺』『对联绢笺』『条山绢笺』『横披绢笺』各一百幅，又『本色宣纸二百张，罗纹纸二百张』，仅一次进贡纸绢多达九百张。乾隆五十四年福建巡抚徐嗣曾一次进贡上用仿藏经纸五百张。另外，毁抄废纸也是交由杭州织造承办制作。

清代内廷御用纸品

◎ 清代宫廷御用加工纸绢，仍沿袭旧制，在继承了明代制作技艺基础上有长足的进步和提高。特别是康、雍、乾时期，纸品种类丰富，制作精良。主要表现在制纸工序较明代更为繁细，如在宣纸上加入云母粉使其纸张更为光泽，纸的后期加工更是推陈出新，出现了许多品质优良、工艺精湛、不同质地、不同图案、不同规格、用途各异的纸品，可谓五花八门，琳琅满目。

◎ 清代内廷纸品种类丰富，常用的有大榜纸、高丽纸、油高丽纸、棉榜纸、连四纸、本纸、呈文纸、油呈文纸、西纸、台连纸等，均各有不同的用途。除油画多用白素绢笺外，内廷用纸大致可分为：御笔书画用纸、写经用纸、书籍用纸、装裱用纸、工程用纸、画样用纸、包装用纸、日常用纸等。如御笔书画用纸有各色粉蜡笺纸、洒金纸、罗文纸、宣纸、仿金粟山藏经纸、侧理纸、仿明仁殿纸、梅花玉版笺、澄心堂纸等。内廷特殊用纸，有『谕旨需用十二龙黄笺纸』『敕书应用独龙大香笺』、装饰贴落或糊墙用蜡花笺纸等**（图2-6）（图2-7）**。

仿古精制纸

◎ 清乾隆时期仿古纸品有多种，如仿晋侧理纸、仿宋金粟山藏经纸、有斑点藏经纸、无斑点藏经纸、仿澄心堂纸、仿明仁殿纸、仿梅花玉版笺、仿高丽纸等，均有传世纸品。如现藏仿明仁殿纸，纸面幅幅有『乾隆年仿明仁殿纸』戳记。**（图2-8）**据乾隆四十三年十月记载：『将杭州织造徵瑞，送到仿明仁殿笺纸五十张，有斑点藏经纸二百五十张，无斑点藏经纸二百五十张，宣纸一百二十四张，随做样纸一张，呈

图 2-6　清乾隆黄色描金二龙戏珠纹蜡笺纸

图 2-7　红色描金银龙戏珠纹斗方绢

图 2-8　清乾隆粉色仿明仁殿描金如意云纹粉蜡笺

览，奉旨：仿明仁殿纸交宁寿宫、淳化轩，各十二张，懋勤殿十张。有斑点无斑点藏经纸，交宁寿宫、淳化轩，每样各交一百张。懋勤殿各五十张。其宣纸交热河五十张，宁寿宫、淳化轩，各十二张，其余三十四张，并做样纸一张，俱交懋勤殿。再传与徵瑞，此次做来藏经纸消薄，亦有道子，嗣后，抄做略厚些，不可有道子，每十张一卷，不必用纸衬垫钦此。』记述了乾隆时期杭州织造徵瑞承办仿古纸的情况。

◎乾隆皇帝对御用纸张均有的特殊要求。如仿澄心堂纸不局限于一种颜色和花纹，由最初的绿色、蓝色、粉红色三种，发展为五种颜色，其中有染黄、绿、白、粉红、淡月白等五色，纸面装饰花纹各异，如画金龙纹、画金折枝碎花纹、金钱菊花、流云福花纹等，均按内廷画样制作，纸幅均有『乾隆年仿澄心堂纸』印记，其印戳有牙刻或石刻之分，也是由内廷刻制。这些精制纸笺的仿制成功，均体现了乾隆时期传统的造纸技术的发展和技艺的高超，在中国造纸史上具有重要的历史地位。

四、清代宫廷用砚

◎清代宫廷用砚，大部分是出于内廷『砚作』，还有一些御用铜匣暖砚的制作，出自内廷『铜作』或『珐琅作』。也有一些砚品是交由地方按内廷样式制作，如乾隆年仿古各式澄泥砚，均交苏州承办制作，还有少量的来自地方官员的进贡。内廷砚品的制作一般是由如意馆画师画样，御览呈准后，再由内廷的砚匠照样制作。每年内廷都有大量的砚品制作，分工明细。除砚作外，还专门有匣作、木作、油漆作，随砚形配盒，一件砚品做好成型以后，一般还要由『刻字作』刻字或镌刻御题诗文和年款等。

内廷御用砚

◎清代内廷设有『砚作』，专门负责御用砚品的制作。砚石材料多来自于地方开采和进贡。如康熙年间，始以松花石为砚，因石材产自吉林松花江流域，为满洲发祥地，即『龙兴之地』，深受清代帝王的青睐，各朝均承袭制作，并形成内

廷定式，成为御笔朱批或为赏赐近臣用砚。

◎ 内廷『砚作』所制松花江石砚甚多，据清《养吉斋丛录》记载，『松花江石也称松花玉，绀绿色，出混同江边抵石山，清圣祖时始创为砚，四朝以来，各有妙制珍藏，滑不拒墨，涩不滞笔，允为佳品』。又『端凝殿为乾清宫东配殿，其南三楹藏康熙、雍正、乾隆间所用砚、墨，其砚悉以松花江石为之，三朝各四十枚，形式不一。』记述三朝松花江石砚的制作情况。（图2-9）（图2-10）（图2-11）而嘉道以后，按内廷循例备用的砚品仍以四十方为定数。这一时期，石料的开采时禁时开，内府石料匮乏。道光以后，曾下令各地减少例贡，内廷所制砚品很少。清代晚期，砚石的制作逐渐走向衰落。同光时期，砚石开采渐少，石质也少有佳品。其制作工艺日渐式微，终不及前朝。

◎ 内廷『砚作』还制作有大量的各式仿古石砚，其材质有端石（图2-12）、歙石（图2-13）、紫石砚等。如仿汉石渠阁瓦砚、仿汉未央砖海天初月砚、仿唐八棱澄泥砚、仿宋玉兔朝元砚、仿宋天成风字砚、仿宋德寿殿犀纹砚六种砚式，分别成套制作，并镌刻御题诗文于砚及砚盒。每件砚品或配以嵌

图 2-9　清康熙松花石嵌蚌池长方砚正反面

图 2-10　清乾隆御铭松花石桃池长方砚

图 2-11　清乾隆御铭松花石云池圆砚

图 2-12　清嘉庆御赏款端石长方委角砚

图 2-13　清乾隆歙石双螭捧寿字池长方砚

玉木盒，共装一紫檀木盒，极具宫廷特色。此外，还有相同的各式澄泥砚，是由内廷发样交苏州制作。

◎内廷御用暖砚的制作，一般出自内廷『铜作』或『珐琅作』，各朝均有各式暖砚的制作。如雍正三年（1725），珐琅作记载：『着做珐琅圆形暖砚二方，用好端石做。』档案记载中的圆形珐琅暖砚均不见实物传世，现仅见有珐琅长方形、或风字形暖砚，为内廷政务用砚。又如雍正十三年正月铜作记载：『传旨：做吉祥砚一方，下安水屉。』其中明确记载了用水温砚的暖砚形式。乾隆时期，承袭和发展了前朝暖砚形制，将水屉和炙炭火同时温砚，暖砚形制多样，有圆形、八角形、长方形、双连形等，并多次制作烧古铜暖砚。如乾隆二年十一月，珐琅作记载：『珐琅暖砚一方，烧古暖砚一方，传旨：着照珐琅暖砚上花样足子，做铜烧古暖砚二方，再照铜烧古暖砚样，做烧砚十方，足子亦照珐琅暖砚上足子样式，钦此。』其中记述有烧古暖砚一次成做十余方。从中可知，御用暖砚均出自内廷制作（图2-14）。

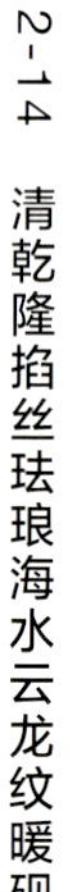
图2-14 清乾隆掐丝珐琅海水云龙纹暖砚

苏州澄泥砚的制作

◎ 澄泥砚，除内廷『砚作』制作外，还有一些是发往苏州按内廷式样制作，也有一些是照内廷『砚作』做好的蜡样、木样制作，其中所用澄泥原料也是由内廷发往苏州。如乾隆四十一年十一月行文记载：『传旨：虎砚头项不好看，着拨蜡样呈览，准时向乾清宫要澄泥四块，发往苏州合做虎砚二方，钦此。……于二十九日照虎砚蜡样做得木样，并做样虎砚，随盒交太监如意呈览，奉旨：着交苏州照样成做。其颜色务必与原样一样，得时不必刻字。钦此。』这应是一件澄泥虎伏砚的制作过程。乾隆晚期还曾有多次制作虎伏砚，分别陈设在内廷或香山、瀛台、行宫等各处。

◎ 澄泥砚自乾隆四十年开始大量制作至乾隆晚期一直没有间断制作，均交苏州制作。如乾隆四十四年档案记载：『澄泥砚二方，加用宜兴澄泥三成，烧造砚二方，其澄泥砚交苏州全德，将所传做之澄泥砚，俱照加宜兴澄泥三成之法烧造』。从中可知，澄泥砚的制作不仅有取汾河之泥，而且还有加用宜兴澄泥之法制砚。苏州制作完成的砚品，再交内廷懋勤殿拟字或专门刻字人镌刻诗文或款识。至今故宫博物院现藏砚品中，还有尚未题刻诗铭的各式澄泥砚。如四十七年行文记载：『交澄泥二十七块，传旨：着发往苏州成做澄泥砚，足做几分做几分送来。』至五十年十二月，分别以大小两份为数成套制作，共计十四份，每份六件，共计八十四件。由此可知，乾隆朝澄泥砚的制作数量之多，均交由苏州照内廷样式制作。

地方贡砚

◎ 除上述交由内廷『砚作』制作的澄泥砚外，地方也有少量的成品砚进贡内廷。特别是乾隆时期，地方进贡的澄泥仿古各式砚，均按内廷样式制作，如乾隆四十六年《宫中进单》记载：『山西按察使，臣袁守诚跪进，御制铭澄泥砚十八方三匣。』应为一套六方式仿古砚品三份。现今故宫博物院藏品中，也有署名『臣徵瑞恭进』款的仿古澄泥砚，其中有附黄纸签墨书：『发下澄泥砚六方，臣等公同阅看，系乾隆年间徵瑞仿古制造承进者，泥质尚细，陶范亦精，惟火气未退，

骤难适用，谨奏。』此套徽瑞恭制的砚品，因当时不合用被放置一边，至今仍完好如初。由此可知，澄泥砚的制作，除内廷砚作制作外，还有山西、苏州等地制作进贡。至今仍有上千余件的各式仿古砚传世，再现了乾隆时期宫廷用砚的基本形式（图2-15）（图2-16）。

◎ 综上所述，清代宫廷御用文房用具，数以万计，内廷殿宇、各处行宫等均有大量文具陈设。其制作来源广泛，除宫廷造办处制作外，苏州、杭州、徽州、江宁、两淮等处，均承担着为宫廷制作的任务。特别是按宫廷的设计样式或要求制作，对地方技术的提高都有影响和促进，如徽州贡墨，各派墨家的竞争发展，也促进了徽州制墨业的精益求精。杭州的湖笔、仿古纸以及苏州澄泥砚的制作等，均体现了地方手工业制作技术的发展。

◎ 至今故宫博物院藏文房用具约八万余件，大部分是清宫旧藏，特别是乾隆时期，根据皇帝的个人喜好制作有多种文房器具，除笔墨纸砚外，还制作有多种形式各异的辅助用具，如笔架、笔插、砚滴、水丞等，极具时代特点（图2-17）。乾隆皇帝更喜赋诗题咏，御题笔墨纸砚等文具多达数百首，

图2-15 清中期水晶光素小砚

图 2-16　清中期白玻璃抄手砚

图 2-17　清中期成套文具锦匣

并命内廷臣匠将御题诗文镌刻于墨品、砚品、砚屏、笔筒、笔洗、文具匣等，极具文化内涵和文人品位。呈现出宫廷独特的艺术风格。

砚林撷珍

——浅谈天津博物馆藏砚

◎ 砚台，是中国传统的书写与绘画用具，与笔、墨、纸并称文房四宝。坐落于渤海之滨的天津博物馆以文物收藏丰富著称，其中古砚一类名闻遐迩，为本馆所藏文物的一大特色。1957年，原天津市艺术博物馆建馆伊始，就将砚台一类设专库，独立帐目，专人保管。1979年曾出版《天津市艺术博物馆藏砚》，1986年又举办『中国砚史展』。2004年，天津博物馆（原天津市艺术博物馆与原天津市历史博物馆合并）成立后又举办『砚寓儒雅』砚台专题展，吸引大量观众前来一睹历代古砚佳作之风貌。馆藏部分砚台多次赴海外展出，为中外砚的文化、历史研究及交流提供了大量实物资料，在海内外享有盛誉。

◎ 天津博物馆收藏的古砚以明、清两代作品为主，兼有部分唐、宋、元代以及近、现代作品，传世品居多。其特点是品类齐全，形式多样，造型典雅，雕刻隽美，内涵丰富，精品荟萃（图3-1）。

◎ 天津博物馆收藏有如此之多的古砚，和社会各界的大力支持及本馆的努力搜求不无关系。这里首先应该提出的是那些爱国、爱艺术、爱砚的热心收藏家。如天津著名古文物收藏家

图3-1
明曹学佺铭凌云竹节端砚
天津博物馆藏

徐世章（1889－1954）先生捐献的大批古砚目前即收藏于天津博物馆之中。徐世章字端甫，号濠园，为民国时期国民政府总统徐世昌的胞弟。他在政务之余，特别是去职以后，致力于蓄藏古物，古砚、古玉为大宗。他平日生活简朴，箪食疏衣，大家庭节年的开销只有一、二百元，而每年购古物却花费逾万元。1954年临终前，徐世章为了不使终身辛苦收藏的古物再行散佚，故立遗嘱将所藏全部捐献给国家，其中古砚一类奠定了天津博物馆的藏砚基础。徐世章的胞兄徐世昌的部分藏砚亦捐献并妥藏馆中。徐世昌（1855－1939）通晓翰墨，精于诗、书、画，1918年被段祺瑞的安福会举为总统，自称『文治总统』，1922年『解甲归田』后隐居天津，位尊而谦和，财饶而俭用，晚年生活较为充实，以诗、书、画、收藏自娱。本馆所藏他的部分砚台，虽然数量不及其弟，但部分为清代张之洞所开采的精品砚材制成，其中一些收录在徐世昌自行编辑出版的《归云楼砚谱》中。近现代天津古文字学家、甲骨文发现者之一王襄（1876－1965）生前使用及收藏的部分宋、明、清砚，连同其收藏的大部分甲骨、书籍等，在他去世后一并捐献给国家。这部分古砚虽然数量不多，但从一些砚铭上可以看出他早年远行谋生、勤力治学、编纂著作的艰苦生涯，是其经历、业绩的见证。上述诸位先生的爱国义举，不仅保护了中华民族的文化遗产，更为增加博物馆的藏品作出了可贵的贡献，而且也为后代留下了大公无私的宝贵精神财富。

◎为了充实馆藏，原天津市艺术博物馆还曾收购了一些古砚，如汉兽形石砚便是在一个物资公司的仓库里找到的。1960－1970年代，砚的研究方兴未艾，这件汉兽形石砚在非文化单位的仓库中长期搁置，无人问津，经朋友介绍才得以抢救出来，真是出资少、获益大，补充了当时馆藏无汉砚的空白。随后又收购了唐陶砚、宋风字形绿石砚、元长方形四足端砚、清眉纹歙砚等等，虽然付出巨资，但充实了馆藏、补充和增加了早期作品。为了不使藏砚年代断档，还有选择地收购了一些现代砚，如端砚、洮河砚、贺兰砚、澄泥砚、苴却砚等，并曾派人到山东临沂鲁砚产区征集淄石砚、红丝石砚等。通过各种措施广聚英华，终使今日天津博物馆藏砚形成一定规模，可以按年代排列成序。

◎从质地来看，几种著名砚材均具备。有广东肇庆端溪斧柯山

的端石、江西婺源龙尾山的龙尾石（亦称歙石）、甘肃洮河流域的洮河石、北方及其他地区的澄泥，还有吉林的松花石、山东的淄石、红丝石等名贵砚材。此外还有陶、瓦、瓷、玉、铜铁、漆砂、竹木、象牙、煤精等等，品类齐全，质地优异。有些砚材还有珍贵的石品，如端石中的青花、蕉叶白、火捺、冰纹、鸲鹆眼，歙石中的金、银星，金、银晕，罗纹、眉子等，以及各种颜色的澄泥。从形式上讲，各重要历史阶段的形制，均有其代表作品，如唐代的箕形、宋代的抄手形，明清时期的随形、方、圆、八角、仿古器物、动植物、自然景物等多种品式。从纹饰图案的雕刻讲，诸砚品也能体现各个时代的风格特色，如宋元砚刀法洗练，简约概括；明代砚古朴浑厚，苍劲有力；清代砚镂雕精细，绚丽多彩。历代纹饰由简到繁，由粗而细，可见一斑。宫廷砚用料考究，做工不苟，华贵无比，如清乾隆御铭八方金星歙砚；文人砚充满书卷气，典雅不俗，如清许珩铭书卷端砚；民间砚注重使用，雕刻简略，如宋墨刘万制澄泥砚；礼品砚雕刻繁复，注重装潢，如清瓶形木砚。粤派作品刻工饱满，俗称『广作』，如百蝠砚等，苏闽派作品秀丽典雅，如山水端砚。歙砚作品由于石质结构所致，适于浅雕，构图较之广作简略，如蝉形砚。有些砚还镌刻名人书法、手迹，或临摹古碑帖、金石文字，不仅是书法艺术品和文学作品，有些还反映了特定历史时期的人物或史实，具有一定的学术价值，成为研究历史的重要资料。从这些古砚可以看出，砚台是一种融汇历史、文学、雕刻、绘画、书法金石等各方面内容的综合艺术，是我国历代制砚匠师的智慧与技艺的结晶。

◎天津博物馆所藏砚台，精品累累，不胜枚举，姑且只举其中几例。交友宜端，取石亦然。端石从唐代出现后，一直为士林所钟爱，为砚材中佼佼者。馆藏端石砚较多，精品也多。例如清汝奇作云月端砚，因材施艺，整体气势恢宏，一派大家风范。细心观察，侧有『汝奇』小字行书款，此人名谢士骥，为清初制砚名家。观此砚可知，非名家是雕不出来的，谢氏传世真品已是难得一见了。

◎清黄任铭墨雨端砚，砚体敦厚，雕刻精湛，奇特的是润泽的砚面石内含有墨色纹点，徐徐斜下，犹如墨花飞雨**（图3-2）**。端州产砚区来的人士曾看过此砚，啧啧称奇，言之少见。更为可贵的是砚背有清初著名砚台收藏家黄任铭款及

『十砚轩』收藏章，黄任曾将一生所藏砚台择其优者十件，铭其斋为『十砚轩』，此砚是否为十者之一尚待研究，但确属上乘佳作。『墨雨』两字是后来的收藏家徐世章所命名，真是再恰当不过了。

◎

清纪昀为那彦成铭端砚（图3-3）。长方形小砚，光素洁净，砚底、盒面均刻有纪昀行书铭，书体端秀，令人赏心悦目。从铭文得知文人以砚互赠、攘夺时有发生，并以此为乐事。此砚记录了文人爱砚之心情及休闲娱乐的乐趣，是一件很好的历史资料。在有关刘墉、纪昀的电视剧热播之时，许多观众对这方砚给予了少有的关注，展出时，观者如云。馆藏凡有纪昀铭款的砚，经与《阅微草堂砚谱》反复核对，其中几件确为著录之品，上述一件亦在其中，这些砚不仅记载于谱中，而且有的还是民国年间徐世章从纪氏后人手中所得，流传有绪，具有可靠性。

◎

『一寸干将切紫泥，专诸门巷日初西。如何轧轧鸣机手，割遍端州十里溪。』这是清代著名砚台收藏家黄任送给当时著名制砚家顾二娘的诗，讴歌二娘的砚艺，感谢她为己制砚。顾二娘，本姓邹，嫁夫顾启明。公爹顾圣之，字德麟，清康

图 3-2
清黄任铭墨雨端砚
天津博物馆藏

熙江苏吴县人，工琢砚，艺传于子启明，启明不寿早亡，由妻顾二娘袭承其业。顾二娘不喜粉脂钗环，不学常流事梳洗，却善操刀舞石，所制砚台古雅中能兼华美，刀法圆活而肥润。当时王公贵族、文人墨客趋之若鹜，追踪芳迹，纷纷请她制砚。天津博物馆中藏有两件她的作品，一件顾二娘款结邻端砚，一件双燕衔花端砚，虽然铭款有待研究，但其构图、刀法、石质均极精到，可见巾帼制砚之芳容。

◎歙石亦为唐代始开采，在砚林中与端石并驾齐驱。馆藏歙砚亦不乏佳作。有的雕刻隽永，有的石品丰富，有的具有史料价值，具有很高历史、文化含量。如宋长方形抄手式歙砚，做工简洁，刀法利落，为宋代典型佳作。明代蝉形歙砚，石质洁净，如此硕大砚材的作品，流传至今，毫无损伤，实属难得。清宫御铭八角歙砚，金星、金晕石品，熠熠生辉，显示宫廷砚之雍容华贵。清眉纹歙砚，砚面缕缕眉纹，养眼夺目。至于铭文的资料性及流传经历，清程瑶田、程光国铭歙砚可兹见证，砚面有银星、银晕，眉纹缕缕，为优质歙砚材名贵石品，砚面、背均有铭文，记录了该砚不寻常的经历。清乾隆十三年（1748）为安徽歙县程瑶田所得，51年后，

图 3-3

清纪昀为那彦成铭端砚

天津博物馆藏

即嘉庆三年（1798）程氏76岁时调任合肥，将此砚留赠给族翁程光国。民国二十九年（1940），辗转被天津古文字学家王襄所得，王襄与著名古文字学家陈邦怀（1897－1986）交往甚密，此砚曾作为两位学者共同鉴赏之物。此砚几遇名士良知，实乃大幸，最后投身于博物馆砚海之中，终得最佳归宿，诚为古今文林之佳话矣！

◎制作澄泥砚是中国古老的传统制砚工艺，是用经过滤的泥土，放入适当的添加剂，经加工焙烧而成，兴于唐，盛于宋。由于添加剂及火候所致，故而呈现出不同色泽。清朱栋《砚小史》载：『澄泥之最上者为鳝鱼黄，其次为绿豆沙，又次为玫瑰紫……然不若硃砂澄泥之尤妙。』黄、紫、绿、硃几种颜色的澄泥砚在天津博物馆均有收藏，其中尤为著称的是明荷鱼硃砂澄泥砚（**图3-4**）。此砚作鱼形砚身，呈朱红色，泥质细腻，色泽鲜艳。砚背衬以荷叶，荷叶及鱼身周围于烧制前均着黑色，黑红相映，荷鱼交辉，浓艳与沉着相得益彰。可谓造型生动活泼，雕刻精细传神，线条流畅自然，色彩鲜丽华美。此方砚台不仅闪耀着古人灿烂的艺术光辉，而且所蕴含的文化信息颇为值得回味。砚作鱼形，与

图 3-4

明荷鱼硃砂澄泥砚

天津博物馆藏

『余』谐音，荷鱼相配，寓意连年有余，吉祥富贵。砚背上方隶书：『给谏公赏』；中间另刻楷书小字铭：『离尘垢伴文人腹中书满同上龙门。』落款『宋开蕤』；下方刻有铭文两行：『初颐园大司马赠宋开莱藏』。『谏公』乃宋澍，与初彭龄（颐园）同为清代乾嘉时期官员、学者，亦为同乡好友。宋开蕤，为宋澍长子，工诗文，书画、篆刻皆精妙。宋开莱，为宋澍三子。可见，此砚乃初彭龄赠予宋氏家族，且颇为宋氏父子珍赏。尤其是宋开蕤所作砚铭，寄托出文人满腹经纶，期待携手出仕的美好愿景，与荷叶结合，象征出淤泥而不染，亦如君子超凡脱俗、洁身自好的高贵品质，使得砚的文人气息浓郁。今日赏之，当时文人以砚会友，佳砚相赠，结伴共赏，挥毫泼墨的情形仿佛跃然砚上。此砚融质地、构图、色泽、雕刻等诸多特色，诚为具较高艺术水平之佳作，深受人们喜爱。

◎洮河石是西北地区所产的一种优质砚材，它历史悠久，传承有绪。据记载，宋代就曾作为方物进贡朝廷。天津博物馆藏洮河石砚亦有引人瞩目之佳作。如明十八罗汉洮河石砚，椭圆形，此形传世较多。本馆亦收藏一件明代作品，

图 3-5

宋郑孝胥铭洮河产砚

天津博物馆藏

敦实厚重，砚周浅刻不同形象的十八罗汉，砚面水池中有云中楼阁，整体具有浓郁的宗教色彩。另一件宋代郑孝胥铭洮河产砚，三侧内敛，造型端庄，为宋代典型之作，侧面、砚底分别有郑孝胥、周肇祥两位收藏家题铭，更增加了它的历史、文化价值（图3-5）。其他材质的砚台亦不乏精品。如宋绿石砚、明水晶砚（图3-6）、明青州铁砚、明鎏金双兽铜砚、清御铭松花石砚、清瓶形木砚、清康熙仿成化圆瓷砚、清象牙砚等，说明砚材的多样性及广泛性。

◎千百年来，砚台在兼具实用的同时，观赏性和艺术性与日俱增，将能工巧匠的艺术灵感与精湛技艺表现得淋漓尽致，充分抒发了文人雅士的情怀和意趣，逐渐汇聚为文人书房中那道雅致清新的风景，成为陈设、收藏、赏玩之佳器。期待未来津沪砚友能够共赏佳砚，携手促进砚学研究之兴盛。

图3-6
明水晶砚
天津博物馆藏

步步穿云到龙尾

顾村言

◎『新安出城二百里，走峰奔峦如斗蚁。陆不通车水不舟，步步穿云到龙尾。』北宋时任秘书丞、国史编修官的黄庭坚奉命去婺源龙尾山取砚，有感于沿途所见所闻与龙尾山之奇写下了这首中国砚史上的名诗——《砚山行》。

◎吟诵着这样的诗句踏上龙尾山访砚之途，古意与新奇兼而有之。

◎说起歙砚，此前曾以为砚石产地主要为安徽歙县，后来才知道其实这是一个望文生义的当下误会，真正代表歙砚水准的砚石非婺源龙尾山砚石莫属。南唐后主称：『澄心堂纸，李廷珪墨，龙尾砚，三物，为天下之冠。』婺源古属歙州，出产的名物自然标之以州名，故名歙砚，即便歙县之极品砚，亦多以龙尾山砚石为料。清代的徐毅在《歙砚辑考》中记有：『自前人创奇，以为出自歙狱井中，盘屈直下，伏水底凿之，得石曰歙石。余始疑，继而骇……岁在甲寅（雍正十二年），奉命出守新安卫，目睹井洞隘小，无从山入，询之士绅故老，考之典与诸书，并无入井求砚之说，及唐积砚谱，苏黄文集，其形诸诗词歌咏，斑斑可考，始知是砚出自婺源之龙尾石山。盖新安古歙州，婺隶属于歙，不曰龙尾石而歙者，统于同也。』《婺源县志》则载有：『城东之龙尾山又名罗纹山、砚山，距城百余华里，山石莹洁，含罗纹，质比上端溪，为歙砚原产地。』

一

◎黄庭坚历尽千辛万苦『步步穿云到龙尾』的龙尾山地处婺源，核心区即今溪山环抱中的溪头乡砚山村一带，此诗平白晓畅，飘逸疏宕，初读之似有太白《蜀道难》之感，然而读下去却又如步入文人心中的『桃花源』一般：

龙尾群山耸半空，居人剑戟旌幡里。
树接藤腾两畔根，兽卧崖壁撑天宇。
森森冷风逼人寒，俗传六月常如此。
其间石有产罗纹，眉子金星相间起。
居民山下百余家，鲍戴与王相邻里。
凿砺磨形如日生，刻骨镂金寻石髓。
选堪去杂用精奇，往往百中三四耳。
磨方剪锐熟端相，审样状名随手是。

不轻不燥禀天然，重实温润如君子。

日辉灿灿飞金星，碧云色夺端州紫。

遂令天下文章翁，走吏迢迢来涧底。

……

◎ 今天的砚山之行又会如何呢？

◎ 最大的变化无疑是——砚山之行再不会像黄庭坚那样穿云破雾、径路险绝了，车从上海出发，经杭州、桐庐、临安，直至屯溪、休宁，一路通畅，皆是高速公路蜿蜒于青山秀水间，不得不感叹于人力之伟。

◎ 沿途时时可见清溪，夹岸缘溪，多植翠竹。郦道元《水经注》对古歙州溪水记有『溪有四十七濑，濬流惊急，奔波聒天……濑皆峻险，行旅所难』等句，然而因为水电站的建设，这些同样成了久远往事。

◎ 中午时分，车出休宁，进入婺源地界，『云气涨漫，岗岭出没，林树隐现』的烟雨之景触目可见，路边陆续开始出现大片大片的油菜花地。暮春时节，油菜花只偶见凋零的褐黄花瓣，下部已结出嫩而可人的菜籽，可以想见油菜花开时，必然是漫山遍野、肆意蓬勃的纯黄，加上散落其间粉墙黛瓦的徽州民居，一二三丛篁，以及云蒸雾蔚的远山，所谓『醉美乡村』之名，良非虚言。

◎ 很快即到达婺源县城，城并不大，依山傍水，城区与中国大多的县城并无什么区别，似乏古意，和想象中有些不同。与从武汉专程赶到的蔡雪斌相聚后，最先拜访的是龙尾砚研究所，在一处颇类园林的仿古建筑中，所长胡中泰是中国工艺美术大师评委，除精于刻砚外，亦寄情于书画，于砚学涉猎尤深，出版有不少专著，原本要出差山东，听说我们要来，专门推迟了一天出发。与胡中泰聊及龙尾砚，无论是历史典故，还是龙尾砚石资源、歙砚砚雕现状等，所谈无不启人深思。

◎ 刚入花甲之年的胡中泰雕砚并不多，然所制砚有文人气，仿古砚则朴素大气，在他看来，制砚既是一门技术，也是一门艺术，而现在雕砚对他来说更多是一种享受与自娱。

◎ 良石难觅，善工亦难寻，面对中意的砚石，胡中泰轻易并不下刀，常与其相对，端坐冥想，有时甚至数日数旬不下一刀，而下刀时间拖得最久的则非『汨罗江畔砚』莫属——这方巨砚在他工作室的中心位置，可想而知此砚在胡中泰心中

图4-1 汨罗江畔（胡中泰雕、高征摄）

的分量。胡中泰说他看了六年才动刀，『汨罗江畔砚』砚石出自龙尾山，眉子纹，长达78厘米，宽处约52厘米，也是胡中泰所刻的最大砚石。

◎『好的砚，难遇，刻得并不多，关键是自然。』胡中泰说：『因为这个大砚眉纹看起来就像一大片水波，以这个为主线，怎样去做，思考了很久，后来想到屈原与汨罗江——行吟江畔，这样纹路就突出来了，用的是工笔与写意相结合的表现手法，前前后后雕刻了半年。』

◎此砚所雕屈原虽然披发行吟，满腔忧愤，然而却又飘逸如仙家，诗人面对的一片宽广的砚堂——此处眉纹相互交织，波光粼粼，天然一片滚滚江涛，人与江，砚与景，浑然一体，让人一叹自然的鬼斧神工与砚人之巧思（图4-1）。

◎胡中泰所雕砚多文人气，且善于借用砚石原有的斑驳、纹理与金星、鱼子等的离奇色彩，或雕成苇中野鸭，或成身披金纱的飞天，或是粼粼水畔的行人，或斜阳铺洒江面的渔舟，颇堪玩赏。

◎与之谈当下歙砚砚石与制作现状，颇多感慨。在他看来，婺源的砚石资源是得天独厚的，过去的无序开采和现在的长时期禁止开采是两个极端，当地政府应真正实现保护性开采；而就砚雕而言，则是一种综合型艺术，需要从文化层面来理解，而当下的歙砚雕刻在这方面仍存在不少问题，『现在的人不愿意走一条扎实的路，没有规矩，没有师承。不只是砚台是这样，比如说木工、泥工，一开始是学怎么做人，不是马上就开始教你怎么做的。刚开始是要学怎么样尊敬师

傅，有很多规矩的，很多时候想想，这就是中国传统美德。现在中国的一个最大的失误，就是人的道德上、底线上的薄弱。』这样的话讨论起来实在让人无奈，谁能有些办法？

◎ 告别胡中泰，已是薄暮时分，车往江湾大畈方向开去，这是一个千年古村落，依山而居，临鳙溪水，登山观景，山下旷野良田极广，大畈之名或得于此。

◎ 此村与著名的砚山隔着芙蓉峰，所谓砚山古道——也即黄庭坚『步步穿云到龙尾』的山路，即从此处通向砚山。因为与砚山相近，且算是其余脉，大畈附近也有两个砚坑，一是济源坑，另一为碧里坑（图4-2）。

◎ 此两坑所产砚石与砚山龙尾石虽有差距，但在宋代唐积的《歙州砚谱》亦有记载，『碧里坑，在山上，色理青莹。及半里有水步石、大雨点白晕。次十里入里山，石青细，有金纹花晕，厥状不常。』如今的碧里坑是1980年代当地村民无意中发现的，故坑址遗留的残石石品有金星、金晕、罗纹，俗称『对河坑』。济源坑所出的砚石石品则是青鱼子纹、鳝鱼黄等。

◎ 可惜的是因为天色向晚，且路途不便，未能一睹两坑现状。

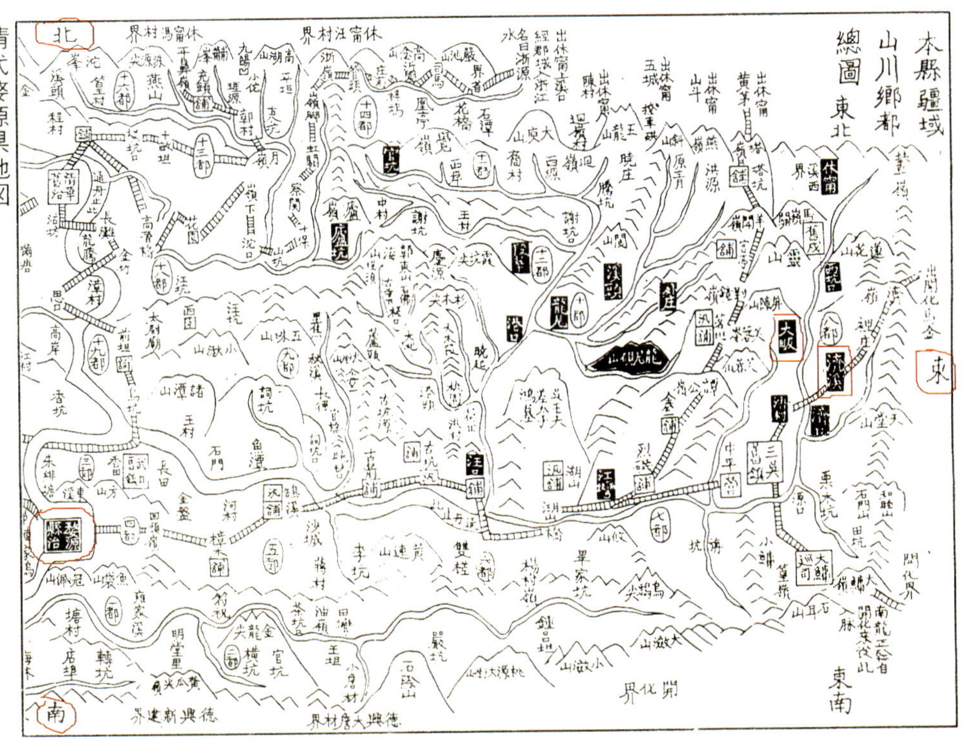

图 4-2 清代婺源县地图（吴玉民提供）

现在大畈村已是方圆数百里知名的砚石、砚雕交易集中地。寒山是当地制砚名手汪鸿欣的艺名，瘦而精干，语速快，儿时即喜爱写写画画，后因家庭原因所学是电子财务类，工作后方正式拜师转入砚雕业，因爱好美术，善于钻研，制砚多因石构思，或随石形、按纹理雕出，前两年被评为江西省省级非物质文化遗产传承人。

◎寒山对当地人文掌故很熟悉，为我们一一介绍砚坑及村中历史，大畈村自唐宋至清，曾出宰相三人、四世天官，历史上有『千里来龙归大畈』之誉，现在的大畈村有2000多人，寒山说：『其实本村户口只有1500多人，有很多人是周边的——从事砚雕这个产业的有数百人，一定要跑到这边来，包括砚山村的，制砚集中在我们这里，全国乃至海外进货、收藏都跑到大畈来，形成采石、做坯、选坯、设计、雕刻、打磨、上蜡（打油）、配盒等产业链。』

◎与寒山聊，可以感受到婺源年轻一辈制砚人对于传统的敬重与求新态度的结合，然而相比较老一辈制砚名家，在文气与内涵上尚待进步，这或许又要从社会文化背景上寻找原因了。

◎寒山家附近一户人家大概在办什么喜事，在小餐馆十多桌摆下来，人声鼎沸，别有一种乡村闹猛之气。离开大畈时，宴席也散，天已黑了，人声似在远去，可以听得到潺潺的溪声，天上繁星点点，复归于宁静安谧的小山村让人有些不舍。

二

◎次日复从婺源往砚山方面开去，沿途山明水秀，古树名木，时时可见。在一处徽式古民居边的古樟树丛小停，约有三五株，皆粗而高，主干牵满藤类，枝头开出簇簇鹅黄淡绿的小花，空气里都是那种悠淡的花香。

◎拐过一个弯，一条大河便如影随形，此河或是芙蓉溪与武溪汇流形成。

◎忽然起了风，天上微微飘起了雨，这时再朝河对岸看去，烟雨迷濛，远山恍如淡墨，树木向背间，掩映几面粉墙黛瓦，似乎听得到隐约的鸥鹭声与垄上归耕的人声，若以此为本，随意点染，都是一幅天然的『米家云山』，《六砚斋笔记》记米家山水有一段话颇堪回味：

『米元晖泼墨，妙处在树株向背取态，与山势相映。然后以浓淡渍染，分出层数。其连云合雾，汹涌兴没，一任其自然而为之，所以有高山大川之象。若夫布置段落，视营丘摩诘辈入细之作，更严也。』被李后主尊为『文房三冠』之一的龙尾砚石，产于这样一个空灵温润的山水之间，实在是自然不过的事（**图4-3**）。

◎再往前行，大河不知何时转为一泓清溪，此处便是约五里长的武溪了。

◎龙尾山（砚山）被两条溪水所夹，南称武溪，处于下游，临溪为城口汪村，北称芙蓉溪，临溪即著名的砚山村，两溪交汇处称溪头，合二溪为一流。武溪两岸悉生芦苇篁竹，杂以灌木之属，溪中白沙黑石，清晰分明，水流为石所激，或急或缓。

◎溪边的小小村子是溪头乡城口汪村，几户沿溪铺面，清一色均与子石相关，所谓子石，即溪水仔料砚石，龙尾石最初即是以『在深溪中得』的子石形态出现于开坑采石前，《歙州砚谱·采发》中记有：『罗纹山，亦曰芙蓉溪。砚坑十余处，蔓延百余里，皆山前后沿溪所生，溪水中殊无石。好事

图4-3　细雨中的远山（高征摄）

者相传，多云：「水中石又见」。苏易简《砚谱》云：「歙州龙尾山石，亦端溪之亚。」』这一记载亦可想见当时水中之石的珍贵，宋代文献中所记的纯黑、水心绿、金星等珍贵龙尾石『入水微紫』，多是溪水中的原生子石，当时即多不易见。

◎南唐及两宋时武溪与芙蓉溪两岸均开坑采石，由于当时开采方式、取材标准等原因，一些砚材被遗弃堆积在砚坑四周（如古人认为有眉纹的砚石会挡墨，即弃之不取），即古遗石，千百年来，因雨季洪水等原因，部分古遗石从陡峭的山上跌落坑下，再落入溪中，在溪流湍波中经历千年的冲磨与浸润，除质地与色泽发生变化外，外形亦渐渐转向圆润，几如卵石，此即谓之『仔料』或『子石』，采于武溪的称为武溪子石，采于芙蓉溪的即为芙蓉溪子石，得造化之功，昔日古人弃却不用的眉纹石在水流冲刷千年后却如鱼跃龙门一般，呈现出一种梦幻般的色彩、光泽与滑润感。

◎与临近砚山村的芙蓉溪相比，水流量大、流速快的武溪段子石的卵石化形状更加明显，极受青睐的无疑是眉纹子石。从这一角度而言，临溪的几家子石铺面其实是『藏龙卧虎』的，其中较大的一个店面，店主汪剑峰有些憨厚，走进去，室内陈列均是大水盆，水中浸着或大或小的子石，别有一种温润之感。

◎汪剑峰是城口汪村最早开店铺卖子石的，他的子石都是十多年来陆续积下的：『1994年的时候我是做砚台雕刻的，现在专门做仔料——主要是地处武溪，地理位置好，仔料的大量发现都在我们村，我叔叔最早在1993年发现仔料——那时候我读初中，有时候在溪水里捡到一块就拿回家裁成砚坯，再拿到黄山老街去求着别人收下来，一块从5元到30元都有——现在的价格当然不同了，贵的几万元都有，而那时根本没人玩也没人捡，只有我爸和我叔叔几个人捡，当时想不到可以用锄头去挖，每年梅雨季节发大水，就去把河床翻捡一遍。仔料跟河里的一般石头不一样，特别有光泽，凌晨三四点溪水退潮了，我们就到溪中拿着手电筒一照——在河里发亮的，就把它捡走——那个时候捡出来的放在现在都属于极品。』

◎说这些话时，汪剑峰似乎仍沉浸在当时的巨大发现之中，然而指着门前的溪水，说起当下，却不无惆怅：『到现在，可

以说砚山的石头冲下来的废石废料全部都已经捡完了，已经到了这种地步。这十年来因为知道溪中有仔料，一些村民甚至用挖掘机在溪里边挖，河里已经被翻了个底朝天，现在什么都没有，哪怕是废石头——只要是从砚山出来的，就会被捡掉。』

◎ 他认为现在武溪之中已全无子石，惟一可能的就是溪边剩下的几十亩田，『因为这几十亩田过去是老的河床，历史上已经围堤做田了，河道也已经改道了，现在我们村的老百姓有的曾经从田里发现子石，现在是干旱季节，到10月份，稻子收割完成了，就人工像穿山甲一样慢慢向下扒挖，挖过的地方再恢复，而且越到地下，量就越少，但越到下边，挖出来的子石砚皮，就比上边砚山挖出来的越漂亮。』

三

◎ 缘武溪而上，拐过几个弯，一湾与武溪交汇的清溪映入眼来——这便是歙砚史上赫赫有名的芙蓉溪了。

◎ 驻足而观，一桥连接两岸，远山耸翠，雨雾迷濛，近处溪深而水浅，水呈清绿色，深处见底，浅处见石，中间则积石磊砢，突出水面，从绿蒙缀其上，将溪流分作两三段，罗纹状的细波之外，时激白浪。

◎ 忽然一只拖着五彩尾巴的锦鸡飞掠而过，隐入对面山林之中——原来对面即砚山，或称龙尾山与罗纹山，植被丰茂，林木葱郁，时闻鸟声婉转（图4-4）。

◎ 一瞬间似乎有些恍惚，甚至有些怀疑黄庭坚心目中『陆不通车水不舟』的龙尾山是不是还在？蔡雪斌先生说古砚研究名家蔡鸿茹前几年到黄山，因为一直闻龙尾山之名，专程请他陪着过来，当时因为不少路在维修，一路颠簸，费尽周折，可即便如此，蔡鸿茹仍然赞叹不已，说到砚山果然如黄庭坚所说很难走，但太值得一行了。

◎ 蔡雪斌介绍说出过不少细润罗纹砚石的砚坑桥头坑即在对岸桥边，也是十年前砚山村民加宽马路时发现的坑口，现在高速公路的隧道口从坑口的上方经过，也可算是封存了。

◎ 走过桥头坑边的大桥，便算正式进入了砚山村地界（图4-5）。

◎龙尾山下一条弯弯的水泥路，路畔则是清清溪流的芙蓉溪，经过一个山坡，溪畔搭一简易的工棚，工棚对面的山坡，几无树木，可见层层翻开的细石块与些许杂草。

◎砚山制砚名手吴玉民闻讯已经赶来，这是一个结实而单纯的汉子，四十岁左右，有些腼腆，讲话时总是带着笑。微雨之中，他一见面就掏出标有龙尾山砚坑的示意图，然后指着对面的山坡一一讲给一行人听，原来这片山坡就是各种老坑的集大成者，宋代《歙州砚谱》所记之坑口大多即在此处及附近。

◎不过，由于近几年当地禁止开采砚矿，每天都派驻了专人看守，工棚即看护老坑的值班棚——再看那片被看守的山坡时，顿感极不寻常，似有一种灵气浮动。

◎山坡并不大，不过三四百米宽，最有名的当数眉子坑，早在唐开元年间即开采，宋代开采量最大，元代之后未见有关开采的文字记载，直到1960年代初方重新发掘。眉子坑从上至下分为三处坑口，上坑眉纹偏细，中坑的眉纹较长，而靠近马路的下坑所出的眉纹纹色清晰，石质莹润光洁，吴玉民指着近处一坑口的突出的岩石层说：『这种岩石都是

图4-4 砚山（高征摄）

麻石，「麻石三尺才有数寸有用的石料」，说明砚石含量稀少（图4-6）』。

◎ 眉子坑东侧是金星坑，又称罗纹金星坑，宋时开发，后停采，1960年代初重新发掘，石品主要有金星、金晕、玉带、彩带、罗纹等。

◎ 罗纹坑则在眉子坑左上方的山顶上，亦有古人开采痕迹，1980年代曾再次开采，不久停产。

◎ 虽然对山坡上的一代名坑如数家珍，但吴玉民还是叹口气说：『因为土生土长在这里，村民对坑口的情况都很清楚——这座山目前来看是全部废弃了，在宋代时是挖洞岩的，北宋时塌方压死了人，就改成露天开采了，我们脚下这条马路原来路很窄的，溪水也比较深。』吴玉民说马路下面也有一名坑——水舷坑。宋代《歙州砚谱》对此坑记有『在眉子坑外，临溪，冬水涸时方可取，春夏不可得。发地丈余乃至石，率多金花眉子』。此坑最早是南唐时开发，矿坑低于溪床下五六米，常年水淹，开采极难。上世纪七八十年代

图 4-5　砚山村全景（吴玉民提供）

曾两度开采，砚石有金星、金晕、水波罗纹。2005年2月，因拓宽脚下这条通往砚山村的马路，掏挖极深的水舷坑后被填平，一代名坑也因之再度『沉睡』地下。

◎叹息之余，再看芙蓉溪对岸，一处弧线型的拐角山坡丛生杂树，吴玉民指着那里说当地人称之为『鳌鱼背脊』，而杂树之后临溪处就是赫赫有名的水蕨坑，宋代苏易简《砚谱》记有『水蕨坦坑在罗纹山西北，其理若浪。』《歙州砚谱》则记有：『水蕨坑，在罗纹山西北，地属王十五。景祐中发，今废四十年。自水舷至坑五丈五尺，阔一丈三尺，穿笼取之。久废不可得，盖石工不知攻取法。石理如浪纹。』此坑自1980代末重新开挖，现已停采，石品眉纹多数相互间交织，如江海之波涛，胡中泰的『汨罗江畔』巨砚砚石即出自水蕨坑**（图4-7）**。

◎『水蕨坑是在我爸爸（砚山矿长吴永康）手上开采的，它的造型就是这样子，弧线型，水坑下去18米深才能采到，坑开采主要在冬季，也就是枯水期才行。』然而介绍完这些，吴玉民很郑重地说水蕨坑事关砚山村的风水，『北宋的时候为了开采坑口，把这个河流改道到那边去了——这是砚山村

图 4-6　古代开采的坑口（吴玉民提供）

图 4-7　1998 年砚工在水蕨坑采石（吴玉民提供）

图 4-8　村民在芙蓉溪中翻找石材（吴玉民提供）

的出水口，这个位置一般不能动，一动就会破坏风水，有损山川灵秀，所以听老辈人说，北宋时为了开采砚石而将芙蓉溪改道，村里就发生瘟疫，所以后来还是恢复了河道。水蕨坑如果要开采还是有的，但是现在村里绝对不允许开采，怕破坏风水。』

◎指着芙蓉溪与武溪交汇之处，吴玉民说其实真正的『老坑大全』是在溪里，两溪上游的急流挟带着石块奔流到了这里，便减速了，石头沉积了下来，二三十年前这里子石是较多的，尤其是芙蓉溪附近坑口所产的砚石都可以在这里找到相应的子石，『除了历史上说的几大老坑、名坑外，芙蓉溪是还在不断出石的「老坑」，不论是唐宋时期还是解放后开采的砚石，都可以在这里找到「样品」。』不过，由于经历过秋末冬初水枯季节的大量挖掘，为利益所驱使，芙蓉溪已被当地村民、砚工翻挖数遍，不可再生的子石资源日渐枯竭，『现在要找一方上品子石已经很难很难了（**图4-8**）。』

四

◎古人认为砚石是天所赐，采石尤须敬重，《歙州砚谱》的『攻取』篇即记有『凡取石先具牲醪祝版，择日斋戒，至山下设神位十余于坛墠之上，祝讫发之。若稍亵慢，必有蜂虿虫蟒，毒物伤人之患立出。盖山川神物所拥护祕惜，尤不欲广传人间，所得不过百十枚即竭矣』。

◎吴玉民说他现在很相信山川有灵之说，更相信砚山村是一片灵秀之地。

◎吴玉民的父亲吴永康自上世纪60年代初至80年代末担任砚山村砚石矿长，一直是砚山村歙砚事务的中心人物。因为自小跟着父亲攀崖下矿，吴玉民对砚山砚坑的地理环境了如指掌。中学毕业后到歙砚厂学习砚雕，后来又到黄山屯溪工作，并将户口迁到了那里，十多年前却因为偶然一面偷偷喜欢上了大畈一个雕砚的姑娘吴金花，于是神魂颠倒，夜不能寐，以至于两个月后翻越砚山古道到了大畈，历尽波折，最终如愿以偿娶了那姑娘，也可算是以砚为媒了。从此再也割

舍不下桃源般的乡村与砚石，定居于家乡砚山，夫妇俩每日觅石雕刻，耕耘砚田，逗逗女儿，真得田园与人伦之乐。

◎从坑口往砚山村一路步行，说起自己的经历，吴玉民的那份对家乡的热爱与珍视让人有些感动，他说当地还有不少古迹名胜，比如墨泉在芙蓉溪旁水口处，如『方锅』一般，泉水水量旱涝如一，小鱼小虾历历可见；复兴桥则是座古老的石拱桥，现已废弃不用，据说过去二月二龙抬头时，村中男人要扛着龙旗，敲锣打鼓、鸣炮念咒，以佑护砚山村平安……

◎有一句话近十年在中国知识界曾广为流传——『每个人的故乡都在沦陷』，然而在吴玉民的叙述中，却可以看到，他心中的家园其实是实实在在的，砚山村和众多中国古村落一般，不仅以砚坑砚石知名，同时也是民俗的、感性的，原本就应当是个可以诗意安居的家园——但现实是不是真的如此呢？在商品大潮的冲击下，这个灵秀的小村落真的能独善其身吗？

◎将要进入村口时，在一座竹木结构、古色古香的回龙桥上小驻片刻，桥下水流颇急，湍波激荡，近岸处丛生幽篁野树，菜蔬果茄，杂然铺陈，远处青山如蚀，云雾迷漫，灰瓦白墙、小桥流水，错落有致地镶嵌其间，且尽皆笼在一片烟雨之中，真得中国山水画淡远之韵。

◎步入村中，因为刚下过雨，地面湿泞泞的，二三妇人抱着孩子在门口喁喁说着什么，见人走过，抬头看一下，然后又继续自己的谈天，不知哪里窜出一条黄狗，很快就钻入附近的巷子里。

◎七拐八弯终于到了吴玉民家，是个小小的旧门，然而，推门进去才知道别有洞天。

◎先是一处巷道，上面牵络着柔柔的葡萄藤蔓，下面则随意放着兰花、万年青、黄杨盆栽等，别有幽致，拐过去就是一个不小的院子——引人注目的是院子的一半都被或青碧或黝黑的砚石堆所占，层层叠叠地码着堆着，如小丘般，甚至都高过了围墙，旁边两三株树，似乎有梨树与柿子树，枝条柔长，索性就伸出古旧的徽式白墙去——墙外就是芙蓉溪，院子有门与石阶延伸到溪中，水碧青青的，想来淘米洗菜都是可以的，溪外有几畦菜地，随后就是连绵的青山了。

◎房子有些旧，却朴素而简洁，一楼是生活区，二楼则是雕砚区与展示区。

◎吴玉民的妻子吴金花也出来了，齐耳短发，眼睛大大的，有些腼腆地笑着，忙着招呼来人上楼喝茶品砚。

◎吴玉民所雕砚多为仿古砚，如抄手砚、行囊砚等，他说临摹古砚时间越久就越感到古人的伟大，以前一两天可刻一方抄手砚，现在要一周左右才能刻一方。而吴金花所雕砚则多创意。吴玉民并不讳言妻子的手比他巧，且得意地告诉我们吴金花同样烧得一手好菜——看他说话的神态感觉这男人真不知何世修来的福分。

◎因为要详细了解砚山从1960年代开始至今的前因后果，问吴玉民的父亲、原砚山砚矿老矿长吴永康还在不在村里。吴玉民爽快地说在的，十多分钟后，见证砚山历史的老矿长便坐在一楼与我们长聊起来。老矿长已近八旬，头发全白，精神矍铄，他回忆起半个世纪前寻找砚矿的细节，且说起其后砚山矿厂与歙县歙砚厂闹翻后安徽江西两省省领导为之协调的往事……再传奇的往事到了老人口中也是平淡叙来，然而却如精致的短小说一般，寄奇崛于平淡之中。

◎问起宋代黄庭坚从古新安历尽千辛万苦来到砚山的古道，老人与吴玉民说在砚山村外围有两条江西通往安徽的古驿道——著名的『五岭』和通往大畈的『西坑岭』，现在已算是废弃了，不过若念及黄庭坚当时『步步穿云到龙尾』的状况，是可以体验一二的。

◎出砚山，吴玉民等骑摩托送至茗坦水口，再往上则是山坡碎石，摩托无法前行了。在水口处缘小溪行约一公里，颇为壮观的古驿道即出现在眼前——全是由长条青料石砌成，沿山坡上行，很多料石都已破败了，石缝间丛生杂草，上面云雾迷漫，越往上行，越有『步步穿云』之感，太白游山诗云『脚著谢公屐，身登青云梯』原来倒也算是纪实，而回望砚山方向，一座山峰竟如元代王蒙《夏日山居图》的主峰一般，气势巍峨，斜斜伸去，山头草树，气韵蓬松，山脚松林，苍郁茂密，若小住于此，抚临此一山水巨作，再攀游黄庭坚行过的古驿道，或可真得悠游山水、澄怀观道之境——可惜这仍然只是想法而已。

◎古驿道再往上行，且可看到石头垒成的驿站，为绿树所抱，石有罅隙，青苔极多，置身其中，清寒逼人。

◎越往上行，古驿道漫漶毁损处越多，部分石块甚至已经松动欲坠，远远望见一座旧亭，遂不再前行，驻足回望一路走来

的砚山古道斜阳日暮，芳草萋萋，忽然就有一阵长长的寂寥感传来——耳中蓦地似乎响起李叔同那首著名的《送别》：『长亭外，古道边，芳草碧连天，晚风扶柳笛声残，夕阳山外山。天之涯，地之角，知交半零落……』这样的歌或许必得在这样的地方唱来才别有意蕴，哀而不伤的词句，在新旧交替的二十世纪，几成中国文化的象征之一**（图4-9）**。

◎

『长亭外，古道边』之词其实触着了中国文化的一些核心东西，就像这条访砚古道，行之品之，包括古道两侧的砚山、大畈等古村落与一代代的砚人，面对时世浮沉，总有一种民间的力量一直生生不息，而这正可以触摸得到中国文化流传至今的意味所在。

图4-9　古驿道（高征摄）

访端砚——地点：广东肇庆羚羊峡

端溪踏天觅「紫云」

◎平时一直留意记载各地风物的笔记，晚明屈大均的《广东新语》十多年前读过，周作人称其『清疏之中自有幽致』，『随便取一则读了都有趣味』，确是的评。前不久又翻出此书，这才注意到屈大均对端石之妙极有会心之处，一般写石，多就石而写石，然而屈大均却从水去写石，称之为『水之精华所结』：『端石有五质，水质为上，此水之质也，水之精华所结，虚而为云，实而为石，人见以为石，吾见以为水，故以水肪称之。肪者，水之膏腴也。』实在是写得见其魂魄与精华，若非实地访查且确有心得，是决无可能写出此语的。屈大均笔下的『水肪』系水岩之美者，自然是端溪老坑所出，然而，早在十多年前，端砚三大名坑——老坑、麻子坑、坑仔岩均已封坑，端溪砚石的现状又会是如何呢？

◎乙未之夏，在品赏上海博物馆举办的『惟砚作田——上海博物馆藏砚精粹』大展后，自己又请痴迷端砚的收藏家蔡雪斌、陈佳鸣作陪，终于一作端州端溪之行，了却对四大名砚之首端砚的多年痴念与向往。

一

◎端砚知名大概与中原文化南迁并成熟后对于南方风物的重新发现有一定关系。唐以前，未见端砚之记载，宋代苏易简《文房四谱》记有：『（唐代）柳公权常论砚，言青州石末为第一，绛州者次之。殊不言端溪石砚。世传端州有溪，因曰端溪。』又记有：『其石为砚至妙。益墨而至洁。或云水中石其色青，山半石其色紫，山绝顶者尤润，如猪肝色者佳。其贮水处，有白赤黄色点者。』

◎虽然柳公权未论端石，然而比柳公权略长的刘禹锡却留有『端州石砚人间重，赠我应知正草玄』之句，到了稍晚些的李长吉笔下，则出现了至今仍在传诵的关于端砚的名诗《杨生青花紫石砚歌》：

端州石工巧如神，踏天磨刀割紫云。
佣刓抱水含满唇，暗洒苌弘冷血痕。
纱帷昼暖墨花春，轻沤漂沫松麝薰。
乾腻薄重立脚匀，数寸光秋无日昏。
圆毫促点声静新，孔砚宽顽何足云。

◎通篇如端溪清流，顺流而下，就端砚石质、砚色、砚型、砚体、砚品，次第写之，从石工开坑取石，磨治雕琢，尤其是『踏天磨刀割紫云』，奇谲浪漫，非李长吉而莫能写之（端砚后被称为『紫云砚』与此句或不无关系），再到石之磨墨发墨，试墨而墨香盈室，复写砚不伤毫，砚品之极。

◎读此诗句，几可想象李长吉以端砚磨墨时如鸢飞鱼跃般的愉悦，若非谙于品砚，大概是写不出如此心境的。

◎唐代李肇《国史补》记称：『端州紫石砚，天下无贵贱通用之。』这大概是中唐到晚唐时期的盛事了。而到了宋徽宗时，因其封地在端州，爱石赏石成癖，穷其全盛物力，采贡以进，《文房四谱》已称『（歙砚）其色黑，亚于端』。彼时应已名列四大名砚之首，才人文士，得片石视若拱璧，端砚也因此逐渐进入欣赏与收藏品之列，《文房四谱》《砚谱》《砚史》等对端砚记载极多，考古中宋辽金出土的端砚数量近二十方。

◎而到了明清，无论是万历抑或乾隆年间，随着端砚的开采量加大，砚石精品迭出，端砚之美摄人心魄，形制更是层出不穷，除了抄手、箕样、斧样等外，更有莲、荷叶、琴砚、山水砚等。

◎上博展览最让我流连的砚石正是端砚，如『扬州八怪』之一的高凤翰铭田田端砚，随石形于砚身雕绿黄莲叶三片，筋脉分明，砚堂为莲池，并不大，不过拇指长而已，砚背有隶书铭：『翡翠屑金，香露泛碧，中通外直，为我守黑，渐之摩之，君子之德。』此砚主要还在于砚雕的自然天成，砚堂石品似并不高明。

◎清代纪昀铭螭纹端砚的石品就颇为可观了，此砚为老坑石，砚面开阔而平坦，可见大片的鱼脑冻，柔嫩的蕉白，且杂以金线、火捺等，如此石品，自然是非有能力者而莫能办，砚背纪昀行书铭文亦可见出：『和庵至广东巡抚还京，以此砚赠余曰：「端溪旧石稀若晨星，新石之佳者则以此为上品矣。」竹虚亦言：「歙石久尽，新砚公采于婺源」，然则端紫罗文同归于尽，又何必纷纷相轧乎！嘉庆甲子四月晓岚记，时年八十有一。』

◎另一方大书家伊秉绶所藏半璧端砚，石品也十分了得，有鱼脑冻、青花、火捺等，砚呈半圆形，全无雕饰，朴素大气，一如伊公之隶书，朴拙而可喜，砚周边缘有伊秉绶隶书铭：

『娟娟隐半规，文心妙清绝。老去志不磨，观书眼如月。嘉庆癸亥年伊秉绶。』砚背边缘又有篆书铭文：『半璧弯环是泮水，难忘当年汉经此。墨卿』。

◎这些文人铭砚，共同的特点是雕琢不多，多因自然，且铭文古雅，一砚在手，即便不磨墨，摩挲一番，也是赏心乐事。

◎相比较这些文人铭砚，同时展出的现代制砚名家陈端友制砚砚材亦多为端石，而刻写竹根、螺蛳、古镜等惟妙惟肖，细微处让人叹为观止。。

◎作为个人而言这无疑是一种风格，精细的砚雕就像工笔之作一般，然而，倘若这种风格被放大，甚至不再注重砚台本身的属性，那么，这到底是得还是失呢？

◎这样的问题其实在走访民间制砚业之后，是不得不提出的，或者可算是喜忧兼半，喜的是当地制砚业的传承比之他地似乎更加良性，因社会自然需求故，年轻人投身制砚业者也颇多，而忧的则因文化修养的缺失——入目大多砚匠砚，极尽刻写雕琢，必欲『削圆方竹』而后快，真让人叹息于纪晓岚于斧形大砚后的铭文了：『此砚不知误落谁手，凡自然皴皱之处，皆磨治使平，遂不可复入赏鉴。削圆方竹，何代无贤才？』

◎与之相类的是，屈大均曾从友人处得一老坑砚石，未加任何雕琢，仅刻以铭文，而名之曰大璞：『水岩一角，天然大璞。自成圭璋，不用追琢。蕉叶白凝，火痕丹渥。文圣之纯，潜龙之确。水涌云蒸，书成不觉。一气氤氲，其元在朔。与我心华，殷勤浣濯。』

◎叶樾《端溪砚谱》在『砚之形制』中曾列出『天砚』，并专门加注『东坡尝得石，不加斧凿以为砚，后人寻岩石自然平整者效之』，大概也是托名东坡，不过若东坡地下有知，恐怕也不会有什么意见，返璞归真、去伪存真一直是东坡推崇的境界，反观当下——对中国文化的一种朴素大方与清新之美，知者似乎越来越少。

二

◎从上海到肇庆是先到广州，从空中看，岭南云彩似有一种蓝而澄澈的透明，自由而灵动。

◎抵广州白云机场后，当地制砚名手兼向导梁国星、阿威早已

等候多时，上车后遂向端州方向开去，两边成片的棕榈树向后退去——不过一个多小时即到西江之畔，可见两岸山峡青翠可人，隔江对峙——这里距离出产端砚的羚羊峡相距已不算远。

◎西江是珠江的干流，《水经注》中称之为郁水，从广西梧州到江门崖门止，被称为『八百里西江』。而在肇庆这一段，山高峡长，峰峦叠嶂，最为壮观，为著名的西江三峡——三榕峡、大鼎峡和羚羊峡。

◎车弯到西江边一处大桥之下，此处江面并不宽，江畔停泊数艘大船，乍看一片渔家闲适意味，登船则又是一番闹猛之气——原来是船上餐厅。坐于船头，水碧而清，可以看到招摇的水草，远山则朗然入目。此处据说以西江水鲜而知名，食之果然，西江鲫鱼清蒸尤大佳，点缀葱丝、姜丝与红椒丝，入口即欲化去，极嫩，竟似刀鱼，且别有鲜香——这让自小吃惯鲫鱼的自己实在感到意外，而另一水乡妙物则是蚬子，蚬子对水质环境要求极高，还是儿时在家乡食之较多，现在故乡也已很少见了，未曾想竟在数千里外的岭南西江边一解乡愁。

◎想起三年前的婺源龙尾山访砚，似乎都是于山清水秀之地，所谓『造化钟神秀』，一方水土产一方风物，而以出产青花、蕉白等新嫩石品知名的西江羚羊峡与斧柯山，大概更有一番重峰叠秀、青翠相临的胜境吧。

◎其后抵肇庆，先访当地制砚名手、广东省级工艺美术大师梁满雄——『阿满』。四十多岁的阿满祖辈即制砚，他似乎总是微笑着，然而言语间自有一种奔放在。阿满正在雕刻的是一块一尺见方的山水题材的端砚，他说他儿时喜爱美术，后来却没能升学深造，也就跟着父辈学习制砚了，说起他所擅长的山水、云龙等砚雕题材，他说过去他刻了不少大型砚雕，『年轻时张扬，要表现自己风格，但这些年制砚越多越胆小。』

◎对于个中缘由，他说这与他逐步理解中国文化有一定关系，『砚还是得文气，过去总以为是工艺品，现在年龄大了些，才懂得不能太张扬、太闹。当然，现在买卖端砚的还是作为工艺品送礼的居多。』

◎说这样话的阿满看得出是很诚恳的，他是在用自己亲身的经历表述对制砚的体悟，言语之间也有无奈，这无奈既包括他自己的成长经历，也包括所面对的这个社会。

◎也许，这样的无奈得用时间去化解吧。

◎而这样的感叹到了八十多岁的中国文房四宝制砚艺术大师、中国工艺美术大师评委刘演良那里，更多的却是对生活的淡然与对古意的钟情。

◎未到肇庆即久闻刘演良先生的大名，知道老先生擅小楷，精制砚，是知名砚学与制砚大家，著有不少与端砚相关的书籍。车开到时，一身裤头汗衫的刘演良却已在楼下等候了，这样的随意着装似乎像一个刚从菜场回来的老头，放下菜篮子就过来打招呼了。

◎然而来到刘演良的家中，见到他所制作与收藏的各式砚台，才知道老人朴素与不显山露水的背后是学养使然。

◎刘演良说他儿时受家庭影响即爱研墨写字，大学读的是中文系，后来到肇庆工艺厂从事端砚创作设计与理论研究，任肇庆市工艺美术研究所所长、工艺美术公司负责人。著名的三大砚坑即归肇庆工艺美术公司管理。十多年前退休后，刘演良一门心思濡墨与刻砚，且收藏有不少古砚，乐此不疲，他所创作的山水砚在当地被称作『刘家山水』砚，雕刻不多，颇见文气。

◎对于现在的端砚趋于工艺品化，刘演良说，这与现在的市场有关系，『那些砚不是砚，是石雕，其实与砚本身的历史和真正的发展方向是背道而驰的，那些砚都不是为研墨的，似乎雕工越多越好，越多越贵，真正的好砚还是应当突出砚堂，起码三分之二是砚堂。』

◎回忆起他退休前后当地对端砚名坑的封禁，刘演良说：『古人其实不是每年去采石的，是有节奏的。十年八年才采一趟石，而且每次采一两百方砚石也就够了，而到了八九十年代，当时每年都要采六七万斤、甚至十万斤砚石……』

◎这样的背景与整个社会的功利化似乎也是相一致的，比如麻子坑大量开采就因日本人对端砚的渴求，上世纪60年代到七八十年代的大量开采，以极低的价格换取一些外汇，以至于麻子坑的主矿脉已没了砚石，『真正的好的麻子坑砚石大多在日本人手中，现在要收，有的已是当时出口价的百倍甚至千倍的价格，现在的封坑当然是为保护资源计，而实际上历史上著名的老坑、麻子坑的资源已经没了。』

◎同行的蔡雪斌说，他们这一辈的端砚收藏者或许是『前无古人，后无来者』，一者古人从未有机会看到这么灿烂、这么

丰富的老坑、麻子坑砚材，而后来者也没有机会再看到了，因为名坑砚材已消耗殆尽了。这样平实的话语无论在他或在听者其实都有一种触目惊心的痛感，毕竟，『前无古人，后无来者』对于端砚收藏者或是幸事，而对于端砚历史与资源而言，则近乎掠杀了——一种史无前例的巨大掠夺与破坏，几近于杀鸡取卵。

◎而其中的社会背景尤不可忽视。可以说，端砚资源面临的困境并非个案，一斑窥豹，这同样是三十多年中国经济发展所付出的水土、空气等资源遭受史无前例的破坏与掠夺的缩影。

◎具体到端砚名坑，封坑十多年后现状到底如何？在提出欲一访三大名坑老坑、坑仔岩与麻子坑后，阿满、梁国星建议我们放弃麻子坑，『老坑、坑仔岩去访看问题不大，但麻子坑在险峻高山的四分之三处，山高难行，十分陡峭，来回时间长，且非常危险。』

◎这样的建议也得到了曾到过麻子坑的蔡雪斌的认可，神色间看得出他视麻子坑之旅为畏途。

◎想来他们是很真诚地提出这个建议，且当有道理所在，于是遂改变计划——不去麻子坑。

◎晚上终于一见肇庆端砚协会会长王建华，他得知计划中仅去老坑与坑仔岩，而不去麻子坑，顿时极表遗憾，并鼓动我们一定要去：『有个爱砚的日本人，终生痴迷端砚，他一直想到端砚的几个坑口去看，但当时开放的程度不够，而且他仅来肇庆的一次，西江又发大水，一直没去成，到他年老时，他知道自己身体不行了，就在临终前交待儿子，说生没有看到端砚名坑，死也要看到。后来，他儿子遵照他的遗嘱把他的骨灰撒到西江。我后来知道这个消息，专门请他儿子来肇庆，带他访问了几个名坑口，看到老坑口后，他儿子流了泪，用了「拜」这个字。』

◎王建华口中的这些往事都是真实有据的，听来很感人，而其后果就是——我们似乎又得改变计划，必须得去三大名坑口，包括麻子坑，否则，岂不像那个日本砚痴一般会留下终身遗憾？

◎于是决定次日先访麻子坑。

三

◎ 夜里下了一阵微雨，空气分外清新。

◎ 车从肇庆城区出发，过湖山青翠的七星岩，不过半个多小时便到了西江边一个小小的渡口——后沥渡口（图5-1）。

◎ 这里即是西江羚羊峡，岸边野花草香，在晨风中招摇不已，且有鸡蛋花树，叶似枇杷，花若白玉兰，花心纯黄一片。

◎ 江面其实并不宽——八百里西江，宽处极宽，而到得此处，一峡束之，再左折而北趋，水流也因之分外湍急。

◎ 屈大均在《广东新语》中记有：『羚羊峡距郡东三十里，束三江之水。其山产石类珷玏，唐宋以来，才人文士，采作砚材，苏文忠称为宝石，盖东西粤扶舆之脉蕴也。未至峡十里为大山，皆牛毛细皴，宛如画境。峡山青苍对峙，江流泓净，颇似严濑。』

◎ 严濑即严陵濑，在浙江桐庐的富春江上，两者确有相似之处，峭壁临江，可观舟人渔子，尽升眺之远。

◎ 站在渡口望西江对岸，斧柯山与羚羊山夹江耸峙，一左一右，斧柯山高不过数百米，紧逼江岸的是砚岩，多是陡坡，

图5-1 后沥渡口（高剑平摄）

却显得山高而峡深。山下三四人家掩映于翠竹林间，让历代文人向往的端溪逶迤其间，远山连绵不断，其间云雾弥漫，烟岚飘忽，一种灵气隐约可感。著名的老坑即在砚岩山体之下，而另一名坑坑仔岩则在老坑不远处的半山之腰，另一要去的名坑麻子坑则在斧柯山南面的一座大山山岩之上，以直线而言，距老坑其实也不过四五里而已。

◎ 想想以地球之大，从地壳形成到今天，亿万年来山海变幻的种种岩石中，居然只在这方圆数里之地出产的石头最让濡墨挥毫的中国文人为之魂牵梦绕，古人所言的『天地真蕴、山川元气，含灵吸秀』，并非虚言。

◎ 再看西江之中，一艘渡船正向这里驶来，忽然让自己想起十多岁时第一次读小说《边城》中碧溪咀的一些意境。渡船抵岸，并无其他过渡者，一行人上船，船向对岸开去。江风吹拂下，传说中的端溪名坑近在咫尺。

◎ 将近对岸时，可见石柱码头，一小舟上渔夫正在收拾拖网。多次访问老坑的蔡雪斌说石柱码头是以前拉运老坑砚石的专门码头，而老坑、坑仔岩封坑后，这个码头也已废弃多年了（**图5-2**）。

图5-2　废弃的石柱码头（高剑平摄）

◎舍舟登岸，江畔巨石裸露，上面牵爬紫色的牵牛花，映着羚羊峡之上的江天一色，大气中不无妩媚，平常之中竟有奇景，让人想起『紫云』二字——事实上，这里正是名为紫云谷的风景区（**图5-3**）。

◎村口临江一棵老榕树，枝繁叶茂，长发纷披，树前一紫猪肝色的巨石（大概是砚石），上刻『砚坑村』三个大字。

◎早先联系的砚坑村向导来了，一位瘦瘦的当地村民，开着一台电动三轮货车已在这里等候多时了。按照计划先到麻子坑，于是一行人挤上那辆小小的三轮货车，一路歪歪斜斜，沿着山间小路向深山开去。

◎蔡雪斌说他十多年前根本没有这样可以行驶三轮卡车的山路，这已经可以节省不少时间了。

◎行不过十多分钟，已经进入斧柯山深处，向导在一处山腰停下，指着对面一座矗起的巨大山岭，苍翠的山体间，可见一条长达数百米的巨大碎石带——向导说碎石带之上便是麻子坑，而这些碎石都是开采砚台留下的。到麻子坑，得先下山，复登山，经过众多崎岖难行且危险的山路，方可到达（**图5-4**）。

图5-3 端溪砚坑村口的牵牛花面对西江而开（高剑平摄）

◎ 麻子坑开采于清代乾隆年间，据说是因一个脸上长有麻子的石工发现而得名，也是三大名坑中迄今开采时间最短，但又是新中国成立后最早重新开采（1962年重开）的砚坑。麻子坑在三大名坑中最晚被开采，分水麻与旱麻两坑口，水麻坑口在旱麻坑口之下，其石品有鱼脑冻、蕉叶白、青花、天青、石眼等，石质幼嫩细腻，在三大名坑中仅次于老坑，而好的坑石几可与老坑媲美。

◎ 此坑开采量最大的是上世纪六七十年代，十多年前当地政府开始封坑，然而因山路陡峭，管理困难，偷盗现象仍然难阻，封存的坑洞陆续被炸开偷挖，因之也出了不少事故。

◎ 到麻子坑先得下山，涉过两山相夹处的端溪。

◎ 下山到端溪的路有石板，然而依然崎岖陡峭，以至于同行的摄影师居然摔了一跤。

◎ 行约十多分钟，一片透明的清溪或舒缓自在，或飞珠溅玉，奔跃而入眼帘。

◎ 这就是赫赫有名的端溪了（**图5-5**）。

◎ 溪长不过里许，宽不盈丈，据说直与老坑相通。水并不深，碧波镜澈，漏石分沙，浅处历历可见，溪对岸修竹茂林，满

图 5-4　麻子坑远观（高剑平摄）

目空翠。无桥无路，只有脱鞋相携涉水而过，这才感受到溪流奔腾之力，脚触在端溪石上，清润而凉爽。

◎过溪小坐，随意拿起溪中一石，黑黄的石皮之下似有淡紫色，颇有温润之美，一瞬间，满溪的水与石，包括溪畔竹树，似乎让人有一种神异之感。

◎抬头上看，只见一条宽约七八米的巨大碎石带直伸上山去，脚踏上去，石欲滑坠，另一条则是掩于竹林中的小径，曲曲长长。

◎两条路均可通向麻子坑，向导领我们走向那条竹林中的小径——起先沿溪畔行去，过一片竹林，即折上山去，这才真正体会到山路的崎岖难行，有的地方其实只是浓密树丛中的一二立脚处而已。

◎走不过一刻钟左右，一行人除了向导，尽皆气喘吁吁，满头满脸，汗如雨流。自己的后背已然全湿，而手臂之上，细汗珠密密麻麻。

◎小坐休息时，蔡雪斌、陈佳鸣的脸色已现疲态。蔡雪斌不知何时寻得一杖，已拄杖而行；陈佳鸣则反复『声讨』让我们改变计划攀爬麻子坑的王建华就是一个『大忽悠』。

图 5-5 端溪水（高剑平摄）

◎ 然而还是得前行（**图5-6**）。

◎ 前方仍是绵延不已的险峻山路，好在路在树藤之间，一路攀岩扪葛，终于到达端溪南峰朝天岩。

◎ 这也是一处知名的坑口，因洞口朝天，故名，且历史比麻子坑还早。登高一望，原来此处已算接近峰顶，脚下另一侧山体陡峭如削，不由心里一惊。《端石拟》中称其『与水岩一气相通，故产石，似水岩之上层，较他山之石为最贵。但色紫而干，亦有白中带紫者，质皆坚实，不能滑腻，久则拒墨』。

◎ 坑洞口就是一个小小的山洞，洞口乱石堆砌，梁国星寻得一块紫石，说是要做砚赠送摄影师，其中似乎有鱼冻石品（**图5-7**）。

◎ 小坐片刻，向导说才行了一半山路，还须再向上行。

◎ 于是跟随向导翻过朝天岩——这才发现翻过朝天岩洞之上的巨石后，已全无藤树可攀，而是纯粹的碎石坡，仅一峭壁可供借力，且坡度极陡，而脚下碎石随时又会滑落——倘一脚踏空或碎石滑落，下面即是万丈深谷。

◎ 心里顿时大惊，一瞬间想起多年前攀登华山的险道，至今仍心有余悸。

图 5-6　崎岖难行的山路（高剑平摄）

◎且摄影师随身背负器材，再走这样的山路，即使再小心，上山犹可，然而『上山容易下山难』，这样的碎石陡坡，下山时是没法预料是否出现意外的，而天气预告又称大雨随时可至，若大雨导致石块的滚动，后果简直不堪设想。

◎望拄杖而行的蔡雪斌，其实早有难色。再回看脚下的陡峭山坡，感觉硬要探访麻子坑显然已不合适，遂试探着建议不再前行，谁想一瞬间，一行人似乎都有一种解放的感觉。

◎蔡雪斌说，他久想提议，只是不好意思而已。

◎向导说起前几年麻子坑采石而发生的一些事故，触目惊心，让藏砚多年常戏称『玩物丧志』的陈佳鸣因之大叹：『从来都说玩物，走过这一路，才知道其实玩物是人家玩命换来的。』

◎事实上，百年之前，当地即有民歌叹石工之苦：

◎『唔好阴功梁炳汉，罢了黄岗凿石行，如今凿石难揾食，无钱籴米确系凄凉。』

◎麻子坑终于还是未能去成，然而王建华到底并非『忽悠』，或者说，不向麻子坑行去，其实是不知道千百年来石工取砚之辛苦的，也难知斧柯山之险与端溪之美的。

图 5-7　朝天坑的洞口（高剑平摄）

◎回程时又在端溪小憩，溪中天光云影，忽然想起李贺诗中的『踏天』二字或许也是『踏水』之意，于清流中凭感觉觅一微微青紫的仔石，问梁国星是否可作砚材，回答居然是肯定的，且砚品尚可，『这石头做砚比起其他地方的一般砚材也算好很多了。』——于是终于携一真正的端溪之石而归。

◎然而此行未能一访麻子坑，终是憾事，想想『玩物』与『玩命』的对比，石工凿石之凄苦，到底瞎诌了几句，题为《访麻子坑不遇》，聊作感叹：

濡毫恨不到端溪，蕉叶无尘水砚迷。
玩物从来非尚德，苍崖峭阻叹凉凄。

四

◎下山再到砚坑村，端溪第一名坑——老坑就在村口临江近溪处。

◎老坑又称水岩、皇岩，乍观只是砚岩脚下一个半圆形的水池，不过几个平方米而已，让人想起泮池，然而却小多了，近前看去，清幽而平静，闪着宝蓝色的光，一个人对着那潭水静静呆了一会，简直难以想象这水下就是千百年来『惟砚作田』的中国文人得片石而视若珍宝的所在**（图5-8）**。

◎事实上，砚石坑道即在水下，其石脉下通西江，西江水上涨时洞口也会淹没，早在十多年前即已封坑，过去取石需『千夫堰水，挽绠汲深』，也就是到秋冬水位低时通过千人汲水，让坑洞水干后，方可开采，而当开春后雨水量一多，就无法继续开采了。

◎水其实是不会汲尽的，老坑洞内依然是终年积水，即所谓『石生泉中，泉生石中』，且坑道狭窄低矮，从坑口而下，下部倾斜，上部陡峭，危险极多，石工取石则需近乎裸身匍匐而入，且尤需熟识水性，以防意外。明代沈德符对万历年间的一次采砚记有『所得凡百枚，水复大至。蛋人（采石工）几溺，旋泅以出』。

◎屈大均对之则记有：『自溪口北行三十步，一穴在山下，高三尺许，乃水岩口也。匍匐而入，至五六丈为正坑，从正坑右转数丈为西坑，坑门最小。从其旁入为中坑，从正坑左转十余丈为东坑，东坑外即大江矣。坑中水渊停不竭，以罂瓮传水，注槽笕中，水稍竭，乃可下凿。石有三层，上层者稍

粗，中层多鸲鹆眼，下层在水底，多破碎不受斧凿，凡西、中、东三洞皆然……惟中层者，纯深秀嫩，一片真气，如新泉欲流。又如云霞氤氲，温柔长暖，斯乃石之髓也，得之可以尽废诸岩石矣。』

◎后一段文字将老坑坑石之美描绘得几无出其右。

◎正因为老坑之石纯深秀嫩，故『叩之无声，磨墨亦无声』，《端溪砚史》称：『石以木声为上，金声、瓦声为下。木声拍拍然，金声珰珰然，瓦声玲玲然。老坑皆作木声，麻子坑佳者亦然，余则否。盖石润则声沉，石燥则声浮，清越以长如泗滨之磬者，弗良也。』

◎老坑始采于唐（或非今址），其后历代均有节制性地开采，尤以明万历二十八年、清代光绪『张坑』（张之洞所开）声誉最隆，而上世纪70年代因所谓出口创汇的需要，老坑再度重开，机械电力的介入使得老坑开采量达到历史上最高峰，而其中初期开采质之佳者过于『张坑』，流入日本极多。刘演良2002年在其《端砚的鉴别和欣赏》一书记有：『近年来，水归洞采到的佳石甚少，只有大西洞偶然采到一些好石。年采老坑砚石最高可达三万多斤，经过运输，挑

图5-8 老坑（高剑平摄）

选，维料，造坯刻制的过程中的损耗，刻制成砚者不超过万斤，而特别优质的，比如有佳眼，有冻，有碎冻，有蕉叶白，青花，火捺者真谓百中无一，一岁之中，恐怕只得三四十件而已。』

◎功利化而非节制性的开采终于让老坑水岩接近于采尽挖绝——十多年前，在最后的老坑承包者进坑后，发现几无砚石可采，遂将原本用于支撑坑道的坑柱取出，竟至导致塌方。老坑因之终于无奈被封，或者说其实是无石可采的另一种说法。

◎据说其后曾有不死心者雇潜水员潜入坑道深处挖石，结果潜水员的氧气管道被石切断，导致潜水员缺氧而死……

◎如今，老坑之上，尚有一幢黄色的小楼，铁门紧锁，上悬一牌『老坑洞口——开于1976年，肇庆市文物管理委员会』，孤零零地守望这让历代文人惊喜与忧伤的一代名坑，也成为一个时代巨大贪欲与功利化的见证（图5-9）。

◎从老坑上行不过百米，即是端砚第三大名坑坑仔岩所在的山体，穿过一带丛林，只见一片巨大的碎石坡，与麻子坑碎石坡的陡峭难行相比，坑仔岩的碎石坡宽大而集中。

图 5-9 老坑旁铁门紧锁的黄色小楼（高剑平摄）

◎ 虽然攀上也颇费力气，然而相比麻子坑之行，则几无险峭处。一行人很快登上半山坑仔岩下面的一处碎石坡面，立定南望，端溪老坑与西江羚羊峡尽收眼底，江水浩荡，莽苍中不无秀韵。

◎ 再上行，即是坑仔岩坑口，这也是上世纪70年代所开，一株老榕树倒伏着已然枯死——不知是地下掏空还是石块压住之故，而坑仔岩的洞口被水泥墙封了一大半，上面留空，藤萝牵络其间，透过间隙朝里看，黑咕隆咚，惟觉凉气袭人，下面则杂草丛生，流水潺潺而出（图5-10）。

◎ 坑仔岩又名康子岩，《广东新语》记『宋治平四年，差太监魏某重开，土人名曰岩仔坑。其石叩之声泠泠，久磨能滑，旁有冢，相传其时开凿中虚，崩闭数百十人，太监死焉，守土者葬其冠服于此』。清代咸丰年间因采石又再次大塌方，造成不少伤亡。坑仔岩老洞口旁立一石碑上有『砚坑土地之神』字，也见证了此坑塌方太多，当地石工不得不立碑以祈求平安。坑仔岩共有16个洞口，且多相连——这或许也可以解释何以近得洞口可以感受到凉气袭来，2000年当地为保护资源，上三坑全部停采，2007年9月，为防止盗采，坑

图 5-10　坑仔岩坑口（高剑平摄）

仔16个采石坑全部炸封。

◎当地人介绍，在近十年间，因偷采坑仔岩曾造成多起事故，至少有六七人因此遇难。

◎或说，山灵亦怒，不欲精华尽出于人间了。

◎坑仔岩砚石比之老坑略燥，然而石质纹理细腻、坚实且滋润，石色青紫稍带赤，石品有蕉叶白、鱼脑冻、青花、玫瑰紫、火捺以及各种石眼，尤以石眼多著称。下山时于坑口捡得数块小碎石，其中颇有一片蕉叶白中夹杂青花，算是聊作纪念。

◎从坑仔岩下山后过西江，天上云渐厚，微有小雨，重到后沥渡口，已是下午一点左右，于渡口一小店方坐定，忽然暴雨如注，远山与西江，茫茫一片。

◎一行人对当时麻子坑之行果断返回不由庆幸不已——若当时偏向麻子坑行去，危险不说，即使登上麻子坑，因大雨之故，或许就得被困山中一夜了。

◎从广东省肇庆市西江后沥渡口隔江看端溪与斧柯山，远山连绵，烟岚飘忽。

五

◎除了老坑、麻子、坑仔岩三大名坑，端溪一带见于记载的砚坑尚有古塔岩、宣德岩等，相比较他地砚石质地均属上乘，统称端溪砚，可惜的是大多均已塌陷或无石可采。

◎斧柯山东部的砚坑则有沙浦镇诸坑、绿端岩、典水梅花坑等。肇庆市北郊北岭山脉之中的砚石坑洞则统称为宋坑，有小湘诸坑、洁坑、蕉园坑（也称有眼宋坑）、盘古坑、陈坑、伍坑等。

◎此外，尚有白端坑口——原来就在著名的七星岩景区，其中又以七岩排列榜首的玉屏岩所产为佳，白端石细润如玉，多用于研磨朱砂、化妆品与作装饰之用，《端石拟》记有『七星岩，产石名白端，色白如雪，作朱砚最佳』。玉屏岩高不过数十米，果如其名，石皆如玉，而其中出产白端最佳的叮咚井在半山，登山见砚坑仍在，是一个宽约一米、长数米、深约十米的狭坑。

◎当地向导黄广康介绍说，过去到玉屏岩，如果有心，是可以捡到一些碎石块的，拿回去，运气好的话，有的就是上佳

的白端砚材，而现在，由于管理的严格，已极少有碎石可捡了。

◎其后慕名访问当地收藏老坑石的一些砚雕名家，包括中国文房四宝制砚大师梁金凌、高级工艺美术师程振良等。

◎梁金凌说自己高中毕业后因家境贫困就跟着采石师傅上山采石制砚，亲眼目睹了老坑砚石从大批量的采挖到基本枯竭的历程，『不仅老坑，再过50年，砚坑石的资源可能就全没了。』对于二三十年前日本人大批量收购老坑石，『现在看，那时价格确实太低了，当时没有保护资源的意识。』梁金凌说他这些年花了不少资金从日本买回一些老坑石，而价格却是日本原先购买价的数十倍之多。他亦曾雕刻有几件巨砚，但他现在却反思说：『砚求大，石雕而已。』

◎程振良是个70后，13岁即跟随祖父程四、叔父程文（均是当地制砚名家）学习过制砚，后来考上财贸学校，毕业后居然放弃分配而专职从事制砚，程振良说这一方面是喜爱，另一方面与家庭影响也不无关系。他所创办的工艺行如今招录了几位美术院校的毕业生，他说，在院校学过美术的学生与从事砚雕时间长但文化修养一般的石工完全不同，『他们上手很快，雕砚给人的感觉也完全不一样，砚台毕竟是文房用品，还是要与文化修养相关。』他认为端砚业要真正发展，还是要在提高制砚者文化修养上多花功夫。

◎程振良收藏的老坑石多是他父亲传下的，其中一件老坑石，让对老坑石见多识广的蔡雪斌也惊叹不已。

六

◎次日探访端砚文化村白石村，这里是端砚制砚历史最悠久也是最集中的地方之一。肇庆市端砚协会所在的『中国端砚展览馆』即在此村，展览馆仿宋风格，楼高四层，馆内陈设有古今名砚，且通过图片、文字、实物等展示端砚的历史、现状。

◎白石村两百多户人家，几乎八成以上从事制砚。而周边的村庄也有近半人家从事制砚。

◎一行人在白石端砚市场闲逛，这才发现真正兼具天工与人工的精品并不多，或者说，大多的仍是流于匠气，即便有好石品的，一些雕工也让人生厌，恰如纪晓岚所言的『疮痍』，

必欲去之而后快，『惜其本质原不恶，俗工强使生疮痍。急呼奴子具励石，阶前交手相磨治。莹然顿见真面目，对之方觉心神怡。』

◎上博所展示的明清文人砚的气韵于其间几乎难觅，这一方面或是地域文化使然，另一方面，与制砚者文化修养的不足或亦不无关系。

◎有趣的倒是观看制砚——看一块普通的端溪石如何成为一方砚台。

◎梁国星所在的『国砚行』距离白石村并不远，于他家小坐，他将在朝天岩与端溪中捡拾的几块砚石按照制砚流程一一为我们演示。

◎先是锯石，这是制砚的第一道工序，其后围璞，即设计砚台的形制和尺寸，围璞后，磨平，磨平修整，开出砚池，复雕花，再让徒弟细细打磨……整个过程持续数小时后，一块看似普通的石头终成一文房佳品，唯一有些可惜的是原先以为的鱼脑冻锯开打磨后发现其实仍是瑕疵——然而这又有什么要紧呢？

◎梁国星捧砚笑着的样子实在见出端砚人的憨厚与可爱处，想起他陪伴我们访砚的一些细节，不免让人对端溪的纯朴多了些信心。

◎返沪时坐飞机上，起飞后见舷窗外天青一痕，其间云卷云舒，恍若老坑天青鱼脑冻一般，想端溪之石果然是山川元气所钟，然而大璞之石，一旦遭遇无止境的贪欲，也只能渐至竭耗，乃至山灵震怒、事故不断了……中国传统中的天人合一，到了当下，何以支离破碎到这样的地步？

◎这些问题其实都与人心相关，或者说，与人心的沦失有关。其本质上，与我们身边随处可见的食物问题、空气问题，遍及江河的水电站、肆虐的雾霾乃至强拆、危化品爆炸等都是互为表里的。

◎这些现象背后的真正原因其实是不需回答的，需要回答的是——谁能真正解决这些问题？

访澄泥砚——地点：河南三门峡人马寨村

弘农故地见陶泓

◎唐韩愈宦海浮沉，有《毛颖传》。在『讥戏不近人情』中，将毛笔拟人为管城子毛颖，并为他设计了『绛人陈玄、弘农陶泓，及会稽褚先生』三友，与毛颖『相推致，其出处必偕』。墨色为『玄』，『褚』『纸』谐音，惟弘农陶泓虽推理可以知道为砚，但与今人赏石赏砚并举之雅兴稍异。

◎砚中，今天人们多推崇端砚、歙砚等石质砚，而与端砚、歙砚、红丝砚、洮河砚并称的澄泥砚，北宋书学家朱长文评说『出于陶灼，本非自然』，是中国历史上的名砚中唯一完全由人工烧制而成的。

◎数千年山河变易，恰似楚之云梦泽不再，今日更难觅犀角象牙，中山（今属河北）之笔、绛（今属山西）之墨与会稽（今浙江绍兴）之纸恐也难寻。旧弘农郡的陶泓先生，今天又是否尚在世、更栖身何处呢？

虢州澄泥，唐人品砚以为第一

◎弘农是古地名，两汉时的辖境约相当今河南省的黄河以南、宜阳以西的洛、伊、淅川等流域和陕西省的洛水、社川河上游、丹江流域。晋以后，弘农郡的辖境逐渐缩小，但从陕西华山到河南三门峡一线，始终是弘农郡的核心地区，时天下第一望族弘农杨氏即根植于此地。唐朝时，弘农郡分陕州、虢州，虢州仍治弘农县（今灵宝市）。北宋时，弘农县先改为常农，后以州名改为虢略。

◎『弘农』虽然成为了一个历史上的地名，而『陕州』『虢州』尤有迹可循。

◎北宋欧阳修在《砚谱》中记：『虢州澄泥，唐人品砚以为第一，而今人罕用矣。《文房四谱》有造瓦砚法，人罕知其妙。向时有著作佐郎刘羲叟者，尝如其法造之，绝佳。砚作未多，士大夫未甚有，而羲叟物故，独余尝得其二，一以赠刘原父，一余置中书阁中，尤以为宝也。』

◎唐韩愈之『陶泓』、宋欧阳修之『虢州澄泥』，一方泥砚，竟得唐宋八大家中的两家青眼！

◎河南省三门峡市旧称陕州或陕县，在民国二十五年编撰成的《陕县志》卷十三物产土属中有记：『澄泥砚，唐宋皆贡。按此砚今产于人马寨村王玉瑞制造有年。土质如红石，碾碎成粉，掺和为料甚佳。』

◎大隐隐于市，而依古法制澄泥砚者隐于村。在三门峡人马寨村，王玉瑞同族第五代后人王跃泽依旧在循着王玉瑞之法制作澄泥砚，现在为非物质文化遗产陕州澄泥砚第六代传承人。

◎当我们来到距河南三门峡市区18公里的人马寨村寻访澄泥砚时，得知王跃泽给自己取了字『研山』，并自号『陶泓居士』。

◎用韩愈的典故自号，并非不可思议。然哪怕字号归于虚名一类，手艺传承却终究凭借着人马寨村后火烧阳沟的一抔红土落于现实。

◎至王跃泽家的院落下车，我们来人马寨之前，以为人马寨村世代以家庭作坊制砚，匠气应当是其居所流露出来的主要气氛。然而，王跃泽家的院落中，栽种着杏、梨、梅、竹，古旧的石槽里养着金鱼、乌龟。显然，这制砚的窑火熏陶出来的不仅有匠意，还有专攻文房制作之家所传承的文气。

◎人马寨古村以王姓人口为主，以家庭作坊世代制砚为业。所制砚台分两类，一类是手工捏塑，一类是范模成型，以范模成型的居多，制砚所用的范与模均为澄泥陶制。所用之泥取自离此地几里外的土门村和当地火烧阳沟的一层红色黏土，经过拣选曝晒、碾碎箩土、澄滤配料、糅合陈放等多道工序。然后入模成型，砚坯用银沙粉脱模后压印铭记堂号放置窑洞内阴干，挨其半干时，再用利刀进行削刻修整，干透后放在阳光下稍做曝晒，趁热入窑焙烧半日即可。出窑后以黄蜡热涂砚池，可拒水保墨。根据民国十八年《河南新志》记载：『陕县产澄泥砚，色黑而杂银沙星点，以澄制之细泥陶成。虽非珍品而研墨易浓，故人乐用之』。

◎王跃泽告诉我们，澄泥砚发展到清代，人马寨王氏祖上的王玉瑞无疑是一个高峰，他说：『晚清光绪戊戌变法以后，设了工艺制造局，把做砚台的手艺人王玉瑞推上前台了。王玉瑞做砚台非常好，他可能还是个文化人，似乎对金石学也有研究，他做的砚台上还有汉瓦当纹、汉玉玺纹，也把虎、蟾这类传统民俗中的造型融到砚里，而且还仿了宋代的方法在砚后面刻写「陕州人马寨王玉瑞」』。

◎在2012年故宫博物院公布的藏品目录中，记录有产于陕州人马寨的澄泥蟾砚四方，其中两块是王玉瑞制作的，另两块是人马寨其他艺人所制。

◎民国初年的大总统徐世昌也是嗜砚之人，其藏砚著录成谱有《归云楼砚谱》，其中即有一方王玉瑞所制的金蟾澄泥砚，现藏于天津博物馆。

◎王跃泽坦陈族谱在『破四旧』中被毁，而人马寨村中王氏都系一家，平日素以叔伯相呼。虽然王玉瑞并不是其直系太祖父，然而在制砚传承上却有迹可循：王跃泽的太祖王瑞堂与堂兄王玉瑞一起制砚，后传艺于高祖王正平（王百信），再传曾祖王作智与王长保，再传祖辈王国仓与王国定，再传父辈王君老与王君池，最后传于王跃泽与王跃庆兄弟，手艺相传六代。

从人马寨到巴拿马

◎王跃泽开辟了几处陈列室，分别陈列着他收藏的古代陶砚、瓦砚、澄泥砚，以及自己的作品。

◎曾经有一段时间，王跃泽为了收藏古砚，基本上天天在古玩市场泡着。上世纪末本世纪初恰逢『文物热』，王跃泽先后开过书店、洗衣店、粮店，做生意存了点儿钱。而那时候，还有老村子在，多数人家里也还能翻到老的砚台，他们还不觉得是好东西，古董行所谓『铲地皮』的人就在村里收东西再拿到古玩市场去，王跃泽在古玩市场则看到古砚就买，买着买着就有人说『你自己也会做砚，你干脆也开个古玩店』。

◎大约2001年，王跃泽在三门峡市区里开了家古玩店，把自己做的砚台打着包装和印款搁在里面卖，用卖自己制作的澄泥砚的钱再去收古砚，最后自己只留下泥砚和砖瓦砚。

◎他说：『我当时想，我有朝一日要建一个私人博物馆，把祖先做的砚台和古人做的砚台都收集起来搞个砚馆陈列，再自己做个艺术馆，展示自己做的东西。不仅如此，我当时买到的老家具、老石器也都不舍得卖，想着自己做艺术馆用。一直到2007年，在资金和收藏上都有了一些积累之后，才开始整修院子，做出了最初步陈列。从那时候到现在8年，我一点一点积累资金，扩充陈列的规模。这几年来，赚的钱都花在这上面了。我觉得，既然自己喜欢，而且又能对得起老祖先的手艺，这几年就一直有干下来的动力。』

◎王跃泽的澄泥宝莲砚残砚，虽是残砚，但是主人视若珍宝，

其砚后有民国初年制造时印上的款识：『陕州澄泥砚王玉瑞造』『隐士玉瑞造』『豫陕六区人马寨村特产澄泥砚曾经全省物品展览会品评列入甲等由省建设厅发给一等奖状王玉瑞造』等。

◎在清光绪二十八年（1902），陕州创立了官督商办的『陕州工艺局』，王玉瑞等人马寨村澄泥砚名匠的作品被纳入工艺局所产，印上了『陕州澄泥古砚工艺局王玉瑞造』的印款，由此成为晚清最后一批官窑烧制的澄泥砚。

◎辛亥革命之后，美国政府于1913年5月2日首先正式承认北洋政府与袁世凯大总统，并互派公使。1914年7月24日，美国陆军部长宣告巴拿马运河开通。1915年，美国为庆祝巴拿马运河的开通、太平洋被西方发现400年，向世界宣扬其昌盛的国力，在旧金山召开了『巴拿马万国博览会』。而北洋政府也将此事作为中国走向国际舞台的一件大事来全力以赴，制定《赴美赛会出品计划纲要》规定了如下举措，『责成农商部督办参赛事宜，调查各省特产，组织各项出品研究会，籍图扩张海外销场。各县征集物产，汇送省会。特制各项奖牌，通告全国，凡呈报图案与标本者，经考核入选后给予奖励』。陕县人马寨澄泥砚就是在如此背景下参与了这次盛会。

◎1980年所修的《陕县志》记载：『据开封图书馆收藏的有关1914年在巴拿马赛会展出商品目录记载：陕县当时展出的商品就有澄泥瓦砚等』。当时的民国政府对参展巴拿马做出很多工作，各省县也先进行优等评选。王玉瑞制澄泥砚参与了河南省的评选，被列入甲等第一。因为这一荣誉，王玉瑞专门刻了一枚印章，刻在他自己制作的砚台背面，记录下这一历史事件。

◎零星留下的史料与残砚相对，依稀勾勒出一百年前人马寨制砚之盛。而王跃泽更解说道：『除了制砚、藏砚，我对于金石也略有所好。我曾读陈介祺著录金石拓本，在其中还找到一方王玉瑞制作的汉代瓦玺纹砚拓，上为双鱼图案，我估计王玉瑞与当时的金石学者也有一定的互动。』联想到比王玉瑞年代稍晚的海派制砚大家陈端友，从一介雕工成长为一代刻砚大家，而在其写实象生的作品之余，也有不少金石主题的砚台作品，又可想见清末民国之际，金石学再兴的胜景，而文房制作之匠与金石之家联袂之作当不在少数。

留存在极盛而衰间的技艺

◎ 时代的变迁往往是一出悲喜交织的戏剧。

◎ 事实上，澄泥砚的制作，取材较歙砚、端砚远远容易得多，制作起来也没有那么费事，配合范模，一次能烧制上百方，制作的地方也远远不止今河南三门峡市人马寨村一地。端砚、歙砚都以材料产地得名，而澄泥砚独以工艺命名，可知其产地当为数处，山东青州潍州、山西绛州、河南虢州在历史上都被认为产出过澄泥砚。然而，其工艺经历了中断再恢复的过程。

◎ 王跃泽告诉我们：『咱这儿制砚的手艺一直延续到上世纪70年代没断。虽然在1949年之后，作坊形式的砚台制作越来越少，但我爷爷当时还在坚持。他每每自己做了之后，就用担子挑着两担砚台到张村镇上赶集，在那儿卖。』王跃泽自上世纪90年代开始有了恢复澄泥砚的念头，于是除了向父、祖学习外，还有机会与村中有经验的制砚老人笔谈请教，这才得以接续技艺的传承。

◎ 事实上，据王跃泽的父亲介绍，建国之初的人马寨村的孩子还在类似于私塾的地方读书，上学必备的文具中照样要有砚台。而人马寨制作的砚台上也一直与时俱进地刻写着透露鲜明时代特色的铭文，目前能发现的有从民国时代的『某某乡绅增某某』『抵制日货』，到一方铭刻有『抗美国』的澄泥砚。『显然，那是一方抗美援朝时期制作的砚台。』王跃泽说。

◎ 或许就恰似移风易俗的普遍规律一样，上世纪发生的大变革中书写工具的变化更剧烈地影响了生活在北京、上海等大城市的人，而交通不便的中西部地区要更晚才能感受到这股席卷而来的浪潮。『因此，直到上世纪末人马寨几乎每家每户都还搁置着几方民国时期烧制的老砚台，都曾是日常或者孩童时代读书用过的文具，没看成什么宝贝。那时候，有一支好钢笔，倒是更时髦的事情。』王跃泽说。哪怕，事实上在上世纪三十年代的陕州南关，已经通了铁路，且有上海的纱厂建的棉花打包厂，广泛收购山西、河南等地的棉花供给上海的纱厂，铁路线的起点站是陕州，终点站是上海，这条绵长的运输线运送着民族资本主义赖以与洋货竞争的便宜优质的原料，却选择性地回避了在十里洋场中渐失用武之地的『陕州制澄泥砚』。

◎ 而在这条铁路线的两端，当陕县遥望上海之繁华时，也没人再计较一头曾经只是东海边陲的渔村，而另一头自春秋以来就以人文连绵不绝，为长安、洛阳两京间的咽喉要地。三门峡如今最重要的怀古之处即包括其虢国墓地博物馆，对周代王室来说，虢国为公爵，是拱卫洛阳的重要门户；至两汉，弘农郡亦为第一望族杨氏的郡望，直到隋唐都一直是长安、洛阳间的重要通路。函谷关在西，关下多少英雄豪杰折戟；《游春图》可观，虢国夫人『却嫌脂粉涴颜色』。

◎ 澄泥砚在历史上这繁华盛地烧制的一幕于沿海城市已恍如隔世，于王跃泽却近在眼前，虽然之间也已经间隔了一个小小的时代。

◎ 为了示范澄泥砚的制作与烧制，王跃泽带我们去火烧阳沟取土，『这儿是火烧阳沟，之前有个洞叫土门洞，从土门洞钻进去挖，挖那一层红土，做出来的砚台最好。我小时候就知道这儿有个洞，还钻进去玩过，但那时候不知道那个泥就是做砚台的』。

◎ 取土必经人马寨的古寨遗址，现在已迁出的村民，曾经都住在寨内。因为寨内空间有限，因此村民挖地坑院居住，这

图6-1　人马寨村的旧寨墙（赖城钊摄）

一习俗在他们搬出寨子迁居寨子边上之后依然保留着。古寨以夯土垒墙，就像一座城堡，正前面的城壕上之前还设有吊桥。人马寨古寨三面有深坑，后面则是深沟。其中西面邻一现已荒废的很深的地坑院，就是曾经烧砚台的，可以从那里顺着火烧阳沟下去，弯弯曲曲走到土门洞（图6-1）（图6-2）。

◎ 从旧窑址再往西就是庙院，村里的祠堂、关帝庙都在这个庙院里，王跃泽说：『我小时候上的幼儿园、小学都在庙院里，庙院前的空场地就正在窑厂的上面，也当作学校的操场用，下面就是窑厂，我们也总下去玩』。然而在王跃泽的记忆中，那时候『就没人在那儿做了，院子荒废了，只是里面的工具、转轮、转盘都还在。』

砚乎研乎，与瓦砾异

◎ 废墟是最能激发人想象力，并激励人志向的景观之一。

◎ 孩童时期的这一幕景象，或许是王跃泽努力实现其『澄泥砚传习所』目标的动力。

图 6-2　人马寨村已经废弃的古代烧陶制砚遗址（赖城钊摄）

◎ 他说：『我爷爷小时候读过私塾，民国上过老陕州师范，但是他很孝顺，为了伺候生病的老母亲才中断了学业。他存了不少村里之前制作的砚台，他送给我的这批砚台是我收藏的基础。我自己制砚，也收藏中国古代的澄泥砚和砖瓦砚，目前正在新盖金石砖瓦的陈列馆。这个院落，前面是澄泥砚的陈列，陈列着我最喜爱的藏品，靠西边儿的是澄泥砚的传习所，在那儿主要会做砚，里边儿有小作坊，设有很多工作台。我与三门峡大学有合作关系，是其建筑工程系的特聘教授，给学生上陶艺课，因此我这里也挂着实训基地的牌子。我想着今后也要和相关教育部门合作，让小学生、中学生都来这里看看古代的砚台，看看怎么做砚台。』

◎ 事实上，靠着澄泥砚制作，王跃泽恐怕难以糊口。他凭借在古砚鉴赏领域的专精，也时常帮一些有实力的收藏家掌眼，以这方面的收入补贴着自己的理想。

◎ 除了王跃泽之外，目前在山西新绛县和河南新安县、焦作、郑州等地也均有恢复澄泥砚制作生产的，但都是较小规模的手工作坊，经济效益也十分不稳定，甚至常有退出此行业者。

图6-3 三门峡发现的崤函古道遗址（赖城钊摄）

◎ 砚道惟艰，恐怕隐合了欧阳修在《砚谱》中『虢州澄泥，唐人品砚以为第一』此段最后的话——『今士大夫不学书，故罕事笔砚，砚之见于时者惟此尔』。

◎ 在今距三门峡市区36公里的陕县硖石乡车壕村，有一条现存150米的古道——『崤函古道石壕段遗址』。春秋时期秦晋之战在此鏖兵，唐代大诗人杜甫夜宿于此，目睹官兵抓人、民不聊生的凄象而吟《石壕吏》。2014年6月丝绸之路入选《世界遗产名录》，崤函古道亦包含其中，且是其中唯一的道路遗产。

◎ 当我们的采访接近尾声，王跃泽提议驱车去看看这条古道。

◎ 向晚访古道，在这条古代中原通往关中的咽喉、东至洛阳西达长安的交通要道上，马踏车行于石头路面上，反反复复造成的蹄痕车辙尤清晰可见（图6-3）。

◎ 正当王跃泽忍不住产生唐代士子行色匆匆往返两京间，他们或也会购置一方新砚的遐想时，山边赶着羊的女娃走过，草木葱茏，斜阳西去，她抬起了看着手机的双眼。

◎ 『土乎成质，陶乎成器，砚乎研乎，与瓦砾异』。韩愈在《瘗砚史》里这句似乎也是在说澄泥砚的。

石头记

韩少华

访鲁砚——地点：山东青州、长岛、曲阜

◎山东是一个特别的地方，历来文武张弛。远在国家尚未形成时期，就有龙山、大汶口等文化；当权力的中心在中原与关中交替时，东夷人却在山东闯荡得有声有色；到了春秋则有鲁之孔丘，战国有邹之孟轲与齐之稷下，西汉有古文经破壁而出；东汉曹操在济北收青州兵，北宋有豪杰聚义水泊梁山……至于今日，亦多文化遗产如高密剪纸、潍坊风筝、曹州面人、泰山皮影、胶东大鼓、聊城杂技、淄博蹴鞠等，而又有砚。

◎砚是文房，对读书人来说，比民俗更高一筹。然而，百年来，砚道式微久矣，风光不再，徒增怀古之怆然。

◎山东的砚，今天被称为鲁砚，得名不过半个世纪。当人们突然开始在触摸屏上点点划划，连钢笔、墨水这种省时便利的书写工具都很少用的时代，鲁砚却陡然兴旺起来了。

◎制砚主要靠石，匠心再巧、哪怕有夺天工之术，也不能少了成于天然之材。鲁砚既成于石，而又饰以文。

鲁砚之材

◎山东属古九州中的青州，《尚书·禹贡》有记：『海岱惟青州。嵎夷既略，潍、淄其道。厥土白坟，海滨广斥。厥田惟上下，厥赋中上。厥贡盐絺，海物惟错。岱畎丝、枲、铅、松、怪石。莱夷作牧。厥篚檿丝。浮于汶，达于济。』

◎在盐、絺、海物、铅、松等物产之外，还要记录下『怪石』，齐鲁之地的石材之丰富多样可见一斑。

◎因此，也难怪上世纪70年代之后，山东籍工艺美术家石可老先生在踏遍山东半岛的山山水水，摸清了红丝石、淄石、尼山石、徐公石、浮莱石、田横石、砣矶石、金星石、温石、燕子石等多种鲁石在当时的分布情况以及特性和特色之后，会产生创制鲁砚这一荟萃山东半岛各个砚石种类的砚种的想法。1978年，山东的各个砚种在北京团城集中展览，展览定名『鲁砚汇报展』，石可随后又于1979年出版了《鲁砚》和《鲁砚谱》两本著作，最终确定了『鲁砚』之名。

◎石可出生于1924年，字无可，号未了公，又名石之琦。山东

诸城舜王街道人。上世纪30年代末学习版画，1943年参加中国木刻研究会，后又师从版本目录、金石学家王献唐。如果没有他多年来在木刻版画领域积累的美术基础和师承的学术素养，恐怕也难以在鲁砚领域起到一夫起而天下应的效果吧。

◎然而，从石可弘扬鲁砚到今天，又过去了将近40年。40年虽不久，但在这40年中，社会、经济和文化领域发生的变化却很惊人。山东半岛，因地质运动而生的『怪石』，经历各封建王朝而兴的不同砚种，以及伴随着改革开放而一路走到今天的『鲁砚』，究竟继承着何种传统？传承着多少文化？面临着什么困境与发展机遇？

◎在济南，山东鲁砚协会顾问、深圳大学副教授王正光告诉我们：

山东由于地质原因，可能是全国砚种最多的省份。这些砚种被称为鲁砚，能起到一个群体的作用，而它们在艺术风格和石材结构上是有共同点的。

山东的砚种多，出于自然与人文两方面的原因。山东山多，尤其是有一大片的沂蒙山区，所以山东的砚种基本上是跟地质环境有关系的，除了砣矶砚和田横砚这两个出自海岛的，其他大部分都是在鲁南和鲁西南的山区地貌上。所以说，山东有这样的地理资源去产生这么多各有特色的砚材供大家创作。在人文方面，山东是孔孟之乡，有文化优势，历史上对文房用品的需求也大，而且山东周边的北方省份像山东这样产那么多砚种的并不多，所以山东的砚台还有辐射作用。

鲁砚，爬梳其历史，大约有20多种，大部分是地方砚种。目前，我们鲁砚协会正在制定鲁砚材质标准，这也算是对历史上的各个砚种做一个梳理。

制定鲁砚的标准本着以下几个原则：一，有一定历史传承；二，有一定资源储备，是现在还有的、还活着的砚种；三，有一定行业规模，还有人在做的，还能养活一方人士的，还有社会存在价值的；四，没有太大争议的。

这样子，我们重新规定了鲁砚的12个品种，按顺序：第一是红丝砚，这是最能体现风格和地质特色的，红丝砚分青州红丝砚和临朐红丝砚两大类；第二是尼山砚，产自

曲阜；第三是淄砚，历史比较悠久；第四是徐公砚，产自临沂，在沂南那边，它的行业队伍比较大。这前4种是已经确定下来了，排在后面的各个砚种目前还有待推敲，但是大致上包括：砣矶砚，历史悠久，发墨好，产自海岛上，有特色；田横砚，现在的行业规模小，但是有前途，也是唯一的海床砚砚石；燕子石，现在改名多福砚，是唯一的化石砚；薛南山石和浮来山石，这两种各有特色，但都是资源紧张，属于要抢救的砚种；龟石砚，其特色是软石；还有我们根据综合情况新推出的一个砚种，目前定名叫玉皇石砚，因为那边上正好有玉皇庙，这种砚石的储量大，历史上虽然也有，但是没有『登堂入室』，然而，我们现在从发展的眼光来看它是有发展前景的。

将来鲁砚协会基本上都会以这12个砚种为骨架，做行业规划和推广等。

我们的第二步工作，则是要对于已经消亡的砚种开展研究。但先要把现有的养好，然后才有可能腾出精力来。比如，在青岛曾有的一种温石砚和历史上很著名的紫金石，现在都没有人在做了，材料也找不到，很多地方说有那种材料的其实都不是。这其中就包含了学术问题，我们必须先要把学术做完再去考虑产业等，盲目去做不严肃。

◎在王正光副教授的指点下，我们走了山东的青州、长岛和曲阜三地，访青州红丝砚、长岛砣矶砚与曲阜尼山砚之古迹与现况，窥看鲁砚在山与石、海与岛间传承的掠影，寻觅在文化与经营间今日鲁砚所循之道。

青州之石

◎青州红丝石的名气，且不必说西晋张华《博物志》的『天下名砚四十有一，以青州红丝石为第一』，唐代柳公权《论砚》的『蓄砚以青州为第一』，宋代欧阳修《砚谱》的『以青州红丝石为第一』和苏易简《文房四谱》的『天下名砚四十余品，以青州黑山红丝石为第一』等等『第一』的记述。

◎且说，曹雪芹之祖父曹寅校刊刻印《楝亭十二种》中有宋代高似孙撰的《砚笺》，其中记：『红丝石为天下第一石，有

脂脉助墨光。』而曹寅之幕僚张云章在《闻曹荔轩银台得孙却寄兼送入都》中吟道：『天上惊传降石麟，先生谒帝戒慈辰。俶装继相萧为侣，取印提戈彬作伦。书带小同开页细，凤毛灵运出池新。归时汤饼应召我，祖砚传看入座宾。』因此，有人认为曹氏的『祖砚』或许即红丝砚，而更有指脂砚斋的『脂砚』即红丝砚，竟似乎《石头记》的石头也就是红丝石了。一时间，附和者有之，批驳者有之，成了一段公案。

◎此说虽然不牢靠，但是并不毁青州红丝砚之名。

◎石本天成。为了寻鲁砚之踪，石可曾于1978年春至青州黑山红丝石洞，两次探采仅得一小块，『其质较一般红丝石稍软，紫红地灰黄刷丝纹，质嫩理润，色泽华缛而不浮艳，手拭如膏，似有游液渗透，与墨相亲，发墨如泛油，墨色相凝如漆』，感慨『无怪柳公权、欧阳修、唐彦猷、苏易简重红丝石砚，誉为诸砚之首』。

◎砚石虽然『希世之瑰珍』，然而仅有薄薄的矿脉。曾参与组织在1978年的北京团城鲁砚汇报展的工艺美术家姜书璞先生则在一篇文章中回忆道：『在上世纪六七十年代……很少见到红丝砚的踪影。于是，一些有识之士便开始找砚书，查府志，做民间调查，想对红丝砚探个究竟……石可老师开始带人反复往返于青州黑山和临朐老崖崮，我有幸成为石老师首选的助手和学生。石先生与我等着黑山老坑及周边山坳多次采掘，因受当时各种条件的限制，始终没有找到理想之石，而在临朐老崖崮的寻访采掘则收获颇丰，故在1978年鲁砚赴京展览中让老崖崮红丝砚唱了主角戏。』

◎由山东省鲁砚协会常务副会长李文德带路，我们访青州黑山，一探昔日的红丝石坑。

◎黑山位于青州城西40里的邵庄镇，在邵庄镇会了青州红丝砚协会副会长杜吉河，再驱车上山。

◎黑山又名黑龙山，海拔450米，因石黑如墨而得名，相传过去曾是佛道两家共同开发的道场。其山势东低西高，主峰向南一弯，宛如一条昂首的黑色巨龙（图7-1）。

◎黑山上的石头都是标准的青石，从山脚至山腰，可踏着石阶而上。李文德告诉我们，这并不是人工修建的阶梯，而是人们上下山常循之路、反复踩踏下暴露出来的山石（图7-2）（图7-3）。

◎ 至半山老母洞再往上，就没有石阶路可走了。缘灌木掩隐的小路渐行渐上，沿途李文德也常常指出偶然见到的夹杂于青石断裂层中的红丝石苗，不时能发现显而易见的新盗采的痕迹，总是惹李文德、杜吉河唏嘘不已（图7-4）。

◎ 至山中上部，在相隔不远的三处，就到了黑山红丝石的『唐洞』『宋洞』和『明清洞』了。

◎ 如今，『唐洞』已经被保护性填埋，高不过一米的洞口以可还原的材料填充掩埋，无法一窥其中究竟，洞口之上依稀镌刻有字，而模糊不清，似『大唐中和』年号（图7-5）。

◎ 据杜吉河介绍，继石可带队考察青州黑山红丝石，在唐宋洞上层发现有薄薄的矿脉之后，直到2012年，才又发现了『宋洞』和『明清洞』。

◎ 『宋洞』即从『唐洞』东行约70米，洞口上约一米多的地方刻有『大观四年七月二十三日李海』字样，估计为采石者所刻，洞口目前被山石土所遮盖，除去石土之后也仅容一人匍匐而入。据杜吉河介绍，洞深约20米，观察洞内砚石，主要分上下两层，以下层石质为优，下层石大约20厘米厚，从砚石花纹颜色看，大约分三种：一是淡黄色刷丝；二是淡

图7-1 黑山全景（赖城钊摄）

图 7-2　上山路（赖城钊摄）

图 7-3　山路上石头上运输石材的痕迹（赖城钊摄）

图 7-4　黑山上沿途可见的红丝石矿脉、开采的痕迹（赖城钊摄）

图 7-5　唐洞，已经被保护性填埋了（赖城钊摄）

黄色显红黄金星纹理；三是红色基调，红如鸡血，刷丝细如牛毛，但蜂窝较多，应不为古人采用制砚。

◎ 而在『宋洞』边上，即是『明清洞』（图7-6）。目前，其局促入口也同样被土石大树遮掩，据介绍，明清洞深约16米，发现的时候其中有大量石渣，同时还出土了铁镐和明清瓷质茶碗的碎片，估计铁镐是当年石工挖石用的工具，而茶碗也同样是石工所用过的（图7-7）（图7-8）。据石可《鲁砚》记载，在黑山各处石洞历年采石所留的崖壁题刻，应当还有『大元至正二年』『洪武二年』『弘治十年』『大清乾隆』『道光二年』『同治三年』『光绪三十四年』『民国十四年』等。

◎ 而现代发掘的黑山红丝石坑口则有从『文革』后期开挖的『基建连坑』以及1984年青州市石雕工艺厂成立后发现并挖掘的『松林坑』等。迄今为止，『青州黑山从古到今共有新老红丝石洞40余处』，杜吉河介绍说。

◎ 杜吉河不仅是青州红丝砚协会副会长，更是一名砚工，制作、展示、销售红丝石制作的砚及石雕工艺品，勉力劳作、经营，而又因为兼营汽配维修，算是砚工中生活不错的。

◎从黑山回到青州市城区，进了按照古城风貌打造的宋城，工艺民俗的店铺鳞次栉比，或许因为并不是周末，加之暑气蒸人，街上行人寥寥。李文德就在青州市区的宋城维持着一家工艺品商店，以经营红丝砚为主，经营之外更任青州红丝砚协会会长。

◎在李文德的店铺里，他翻检资料，告诉我们：『到明清时期，由于经济、战争等原因，加之资源稀少，开采难度大，红丝砚逐渐淡出人们的视线。直到2000年之后，在黑山多处发现了红丝石矿脉，因此近几年，政府主管部门对黑山作了科学规划，遵循保护生态、合理开发的原则。』

◎说到红丝砚的历史，不能不提宋代书法家米芾，他在《砚史·用品》中记：『理密，声坚清，色青黑，白点如弹，不着墨，墨无光，好事者但置为一器可。红丝石作器甚佳，大抵色白而纹红者慢，发墨，亦渍墨，不可洗，必磨治之；纹理斑石赤者，不渍墨，发墨有光，而纹大不入看。慢者经暍则色损，冻则裂，干则不可磨墨，浸经日方可用，一用又可涤，非品之善。』

◎对于米芾牢骚满腹的评价，李文德笑说：『红丝砚石品不

图 7-6 宋洞（左）与明清洞（右）全景，相隔很近（赖城钊摄）

图 7-7 在黑山红丝石洞发现的铁镐（赖城钊摄）

图 7-8 同时发现的瓷器碎片（赖城钊摄）

同，导致优劣差别很大。总结到目前为止在黑山发现的红丝石洞，可以发现，红丝石矿脉属鸡窝状分布，矿层又薄，唐彦猷《砚录》里更是记载「历二年，凡工人数十人，往得大小五十余……」可见得高品质的红丝石产量之小。米芾或许就是没有遇到好的红丝石吧（图7-9）（图7-10）』。

◎ 即将离开青州之际，李文德坚持要带我们去一次青州博物馆，『哪怕就20分钟，看一眼龙兴寺佛造像』。1996年出土的青州龙兴寺佛教造像，包括北魏至北宋延续500间年的石、玉、陶、铁、木和泥造像200余尊。观赏之际，李文德说：『每有朋友来青州，我都一定要他来看。这北魏、北齐时代的佛像，以青州的石头雕刻的，就是要比唐代用河北的石头雕刻出来的那些更有神韵。』

◎ 从黑山到宋城再到青州博物馆里的龙兴寺佛造像，这次青州之行似乎就是这样在石的神韵中游走着。似是访砚，其实寻到了青州之石。

图 7-9　红丝砚石材（赖城钊摄）

◎山东省地质博物馆张希雨先生曾著文《鲁砚及其地质特征》专论鲁砚主要砚石石材的地质特征，首论红丝石：

> 红丝石赋存于中奥陶统马家沟组第一岩段的顶部与第二岩段的接触部位。矿层厚几厘米到一米，沿走向断续延长百余米，其延深边采边探，矿层不稳定。砚石主要由方解石组成，含有铁质物和极少量的石英。是隐晶微粒结构，假层理构造。方解石呈他形粒状，粒径0.01毫米。铁质物参与构成弯曲，不规则的波纹状或同心圆状纹理，宽0.02–0.04毫米，时隐时现变动无穷的纹理，称之『红丝』。其形成机理，乃岩石中沉积过程中，由沉积环境变化的影响，使沉积物发生频繁交替，或使尚处于可塑状态的具有微纹理的碳酸盐岩层发生拖动变形的结果。用此岩石制砚已有千年历史。

◎而查阅更多地质文献之后，可以发现：鲁砚的石材主要产于

图7-10 当代红丝砚作品（赖城钊摄）

鲁西地块；大多都在原石形成期在地质时代上跨度较大，形成于元古宙、古生代、中生代、新生代，以古生代寒武纪居多；主要分为变质岩和沉积岩，变质岩以绢云母、绿泥石为主要矿物，另含石英，电气石等。沉积岩矿物成分以泥晶方解石为主，另含云母、长石、石英等粉砂级碎屑矿物及少量黏土矿物，石英硬度较高，作为次要矿物充填于性柔的绢云母或方解石中，使砚石柔中有刚、细中有锋，提高了研磨性能。

◎在鲁砚的诸石材中，砣矶石可谓十分特别。张希雨在《鲁砚及其地质特征》中这么描述砣矶石：

> 砣矶石产于长山列岛（庙岛群岛）的砣矶岛西海岸，故称砣矶砚石。
>
> 砣矶石石质为含白钛矿硬绿泥石的千枚岩，产出地层为震旦系蓬莱群豹山口组（一说『砣矶组』）。矿层走向北西，倾角60°，厚度0.5–1米不等，夹于白色绢云母石英片岩中，延深于海下。砣矶石含绢云母45–50%，硬绿泥石40–45%，石英10–15%，并含有少量的白钛矿、黄铁矿、电气石，以及非晶质的炭质物等。矿物颗粒多呈细粒状、鳞片状，具变余泥质显微鳞片变晶结构。砚石成分均一，质地致密，硬度3–4之间，既不吸水，亦不透水，颜色黑润，群星闪闪，宛如无月星空，又似地上雪浪滚滚，惊涛拍岸，纹彩深似龙潭秋水，碧波粼粼，映日泛光，故又称『雪浪金星砚』。

◎而这产自砣矶岛的『雪浪金星砚』曾引乾隆皇帝赋诗一首：『驼基石刻五螭蟠，受墨何须夸马肝。设以诗中例小品，谓同岛瘦与郊寒』。乾隆喜爱书画，也爱砚，然而在常用被喻为『马肝』的端砚之余，偶尔用到了一方砣矶砚，体验了一番之后，觉得砣矶砚和端砚如同唐代的贾岛和孟郊一样，各具千秋，互有特长。如今，乾隆御用的那方砣矶砚藏于北京故宫博物院，在民间则很少能寻觅到砣矶砚的踪迹。

◎为了一探这出自海岛的『雪浪金星砚』，我们向蓬莱而行。

◎从蓬莱搭渡轮上长岛（**图7-11**），如今才不过45分钟。我们至长岛拜访了非物质文化遗产砣矶砚传承人、今年已75岁的王守双老先生。

◎ 谈及砣矶砚，王守双尤记得在童年时，长岛的渔家子弟每逢学龄，长辈便寻一块砣矶石锯作长方形，作为砚台。

◎ 就地取材或许是海岛居民的习惯，加以修饰便成贡品。然而，今天45分钟航程的海路，在当年便成海天之隔。王守双介绍，他幼时岛上居民鲜有经常往来蓬莱的，大多数甚至终其一生未离开出生的海岛。目前在岛上所见古旧的砣矶砚，以不加修饰的为主，而少有略做整饬的，王守双估计是当年在岛上开馆授课的私塾先生约岛上匠人所制。因为交通不便，因此哪怕有负责督办贡品的官员，历朝历代流出岛外的砣矶石仍寥寥无几。然而，因为北京故宫所藏的这方乾隆提了诗的砣矶砚，才让王守双终与砣矶石结下至今36年因缘。

◎ 如果我们要写一部改革开放至今中国各个砚种的发展历史，可能都跳不过『日本商人』，且不说端砚、歙砚最初大量供应日本市场换外汇的事了，且问与中华文化藕断丝连的日本商人在战后经济腾飞之际有放过了历代砚谱所载的哪一个砚种了吧？当我们访黑山红丝石洞之际，也听闻在上世纪80年代有年逾古稀的日本书道人物为一观红丝石洞而坚持攀山的故事呢。在上世纪70年代末，也是日本商人在北京故宫看到了乾隆御题『谓同岛瘦与郊寒』的那块砣矶砚，于是多方寻找到了山东蓬莱长岛砣矶人民公社，要求订货。

◎ 据王守双回忆，当时的公社领导为了完成这个既是政治又是经济的任务，遂预备成立砚雕车间。王守双当时是岛上少有的拥有高中学历的人才，那时候正做着海木匠。当年的海木匠，又称为大木匠，专指造船的木匠，在岛上非常受尊敬，收入也很高，因此王守双放弃成为学校教师或政府机关文书的机会，做着大木匠。因其善木工，被调进了砚雕车间。

◎ 当王守双造完手头正在造的船赴砚雕车间时，已经过去了9个月，而砚雕车间也因为质量不过关，失去了日本客户而倒闭了。面对人去楼空的景象，王守双遂利用旧址成立了长岛县工艺美术社，一方面向其他砚种学习砚雕技术，一方面寻找生存的机会。

◎ 王守双的回忆文章有录：

就在我最为艰难的时候，我发现了另一个商机。在海岛的岸边上，到处是被风浪侵蚀的玲珑剔透的风景石，这

些石头不管是纹路还是色彩，每一块都是不加雕琢的艺术品。我选了几块石料，做了几盆山水石盆景，拿到青岛花卉门市部试销，没想到第二天就售出一盆。我问营业员：『是什么人买走了盆景？』她说：『是一个中学美术老师。』我非常兴奋，这说明，我的作品，已经被他们认可。不要忘了40元钱，在当时是一个老师一个月的工资。后来青岛中山公园领导看了盆景后，主动找到我要求订一批货，给他们布置一个展馆。没想到事情会这样顺利，回来后我用了不到两个月就完成了任务。收到货后，他们非常满意。

好消息不断传来，青岛中山公园盆景馆开馆后，杭州一个大学老师到馆中参观，他把盆景照片寄到美国。他的哥哥在美国经营一个植物园，看到照片后，回信要求订购盆景。这个老师千里迢迢找到我，要求订货。从这一年起，连续五年，每年发一个集装箱到美国。有了这样一笔订单，经济效益很快跃居社办企业的前列。不到四年，我盖了一栋3层办公楼。

在这期间，我又开发了『石画盘』『石挂屏』等产品，销路都非常好。而且我生产的盆景在市、省及全国第一届

图7-11 长岛全景（赖城钊摄）

花卉博览会上都获得很好的奖励，受到业内人士的好评，引起了人们的关注。

在异常顺利的路上，我始终保持清醒的头脑，不能忘记我的主业。虽然砚台的销路也在直线上升，但仍不能达到我的要求。我下决心努力提高产品质量。向社会上不同层次的专家征求意见，生产出一批各种风格的砚台，使各种欣赏水平的人，都能选中我的产品。不久砚台的产值不断创造新的纪录，并走出了国门，销往日本及东南亚国家。

◎不久之后，王守双被调到县里的工艺美术装潢公司，不到两年又被调到长岛县科学技术开发中心担任主任。暂时告别了与砣矶砚相互切磋的日子。从社办工厂到县城的公务员，王守双很为人羡慕，但是他却说并不开心，一方面是错过了几次工艺美术大师的评选，更重要的是失去了喜爱的制砚的工作。

◎直至2002年退休之后，王守双才又重新办起了砚台厂并有了自己的展馆。王守双说：『我现在不为经济而忙碌，可以干自己喜欢的事，砚台、盆景、书法、绘画、摄影……』

◎ 然而，谈到砣矶砚的石材（图7-12），王守双不无伤感。今天，从长岛再去砣矶岛，又要将近1个小时，而在整个砣矶岛，在地表能够找到的砣矶石开采点只有位于岛西侧悬崖下面的一个地方。那里距离岛民居住的村子比较远，人迹罕至，而今日因为塌方等缘故已经无从取陆路探访石坑了。

◎ 夏季是长岛的旅游旺季，热闹得全然不似一座海外弹丸小岛，而岛上早已修好了路、盖满了楼，走进了现代化的情境。除了王守双的砚石展馆，也有多家专营砣矶砚或砣矶石的店面，王守双说这大多是他的徒弟或者从前的员工开的。一方面是人的学习琢磨与经营，一方面是环境的变化，砣矶砚已经不再神秘了。

◎ 在王守双的工厂，我们看到他带着徒弟正在制作一方新的砚台。琢石谋艺，是一个艰苦的过程，而在『仙境』蓬莱外的海岛上，『雪浪金星砚』也被琢磨掉了神秘的面纱（图7-13）。

图7-12 王守双收藏的一部分砣矶砚石材（赖城钊摄）

仲尼之山

◎ 与砣矶砚同样神秘的，还有尼山砚。

◎ 张希雨在《鲁砚及其地质特征》中这么描述尼山石：

> 尼山石为柑黄色泥质石灰岩，因产于曲阜城东南约30公里的孔子诞生地尼山而得名。据了解古代开采砚石之地在尼山东北周家村前的砚石沟。

◎ 尼山石的产地位于鲁西尼山穹窿构造带上，其含矿地层为中寒武世徐庄组，岩性为由含生物碎屑及海绿石的石灰岩夹泥质石灰岩透镜体组成。此泥质石灰岩透镜体，即『尼山石』砚料。尼山石呈蓝灰色，风化后显上黄、姜黄、柑黄色，具微晶结构，块状构造。物质成分含微晶方解石70–80%，泥质物15–20%，粉砂级矿物（石英、云母等）5–10%，并含『松花』状假化石（铁质物）。但暴露于地表的灰黄色尼山石不宜制砚，而深部新鲜的柑黄色尼山石方可制砚。其特色是在柑黄色石面上，呈现有褐墨色松花纹，具松花纹的为制

图7-13 王守双制作的砣矶砚（赖城钊摄）

砚之上品，近几年在尼山五老峰下发现了新的砚石原料产地，新的尼山石亦产于石灰岩的夹层中，厚约4–15厘米，柑黄石面有疏密不均的黑色松花纹，质地细腻，或其石褐黄，遍体有青黑色松花纹的砚材，为尼山砚中之佼佼者。

◎尼山石雕刻师李春汉是这样形容尼山砚的神秘的：『尼山砚出自尼山脚下的砚石沟，因为尼山是孔子诞生地，历来为孔府视为禁地，不让外人动其中一草一木一石，所以，除了孔氏家族自己采石使用之外，仅有进贡皇室的一部分。正因其流传很少，也从未成为流通的商品，因此较少为人所知』。今天，尼山及附近区域被列为保护区，草木石料同样不得擅动（**图7-14**）。

◎李春汉在带我们访尼山之前，先带我们来到了尼山东北的周家村。村子紧邻尼山，有几户人家的屋子几乎就要靠着围绕尼山而设的铁丝围墙了。周家村有一扇边门能进尼山，村中老乡告诉我们，因为村子里村民的墓地历来在山麓的另一边，因此每逢丧事或祭奠先人的日子，还是要打开这扇边门让村民进出。

◎在村子里，即可望见尼山的中峰。

图7-14 尼山全景（赖城钊摄）

◎ 尼山原名尼丘山，孔子父母『祷于尼丘得孔子』，所以孔子名丘字仲尼，后人避孔子讳称之为尼山。尼山海拔340余米，山顶五峰连峙，惟中峰为尼丘。中峰东麓有孔子庙和尼山书院等建筑物，另有五老峰、鲁源林、智源溪、坤灵洞、观川亭、中和壑、文德林、白云洞等所谓『尼山八景』。

◎ 尼山的主要建筑是『尼山孔庙』。据《阙里文献考》载：『后周显德中，以尼山为孔子发祥地，始创庙』。北宋庆历三年（1043），孔子第四十六代裔孙孔宗愿扩建尼山孔庙，增建讲堂，立学舍，置祭田。元文宗至顺三年（1332）五十四代衍圣公孔思晦，请复尼山祠庙，朝议未允。元顺帝至元二年（1336），复建祠庙并塑孔子像，造礼、乐器，建观川亭和尼山书院。尼山孔庙中殿亭是清道光二十七年（1847）重建。建国后又多次拨款维修。今庙围垣缭绕，环植松柏，共有院落五进，殿堂五十多间，正门名棂星门，二门名大成门。庙主体建筑为中间的大成殿，殿前有两庑各五间，殿之东、西各有掖门。过掖门，殿后有寝殿三间，祀至圣夫人木主，两庑各三间，祀孔子之子伯鱼及孙子思，但塑像及木主今皆不存。东、西两侧门连接两旁跨院。东院前为讲堂，后为土地祠，西院东侧连接毓圣侯祠，且单成一院。西侧为启圣王殿和寝殿，系供奉孔子父母处。庙内外有元、明、清以及民国时期的石碑约十余幢（图7-15）。

◎ 在尼山孔庙东院的讲堂后，就是砚石沟，据李春汉说，在上世纪八十年代来这里考察时，还能捡到很多砚石碎片，现在则根本很难再于砚石沟找到砚石了（图7-16）。

◎ 宋代文人李之彦曾在其所著的《砚谱》中记载：『鲁国孔子庙中石砚一枚，甚古朴，孔子平生时物也』。《兖州史志》记载有，明代万历二十四年，尼山砚开始被列为孔府敬献皇宫的贡品。清代乾隆年间的《曲阜县志》则录：『尼山之石，文理精腻，质坚色黄，有疏密不匀的黑色松花纹，石面细腻，抚之生润，制作砚台，下墨利，发墨好，久用不乏，得之不易。』然而，从清末至『文革』期间，尼山砚一度在人们的生活和记忆中整整消失了近一个世纪。

◎ 1978年，曲阜市工艺美术厂聘请曾在孔府中做过雕刻匠人的贾玉潼为厂长，重新恢复生产尼山砚。曲阜市工艺美术厂先后开发了『松花砚』『葫芦砚』『古琴砚』『书简砚』『古柏砚』『竹节砚』『芭蕉砚』等多个尼山砚品种，以及各种

规格的实用与欣赏相结合的旅游小砚。

◎ 李春汉则是在1986年进曲阜市工艺美术厂的，当时年仅17岁。他拜贾玉潼为师，在当时的尼山砚车间主任丁辉领导下开始雕刻尼山砚，从此就与尼山石头结下了不解之缘。1987年，李春汉在参加工作的第二年，参加全国首届篆刻艺术大奖赛，以『汉代画像砖及瓦当』为主题的作品荣获『优秀奖』。之后又先后参加了『鲁砚』创制者石可主持的『孔子七十二贤碑』（现展示于曲阜孔庙西院）的复制及『孔子圣迹图』（现展示于曲阜孔庙诗礼堂）的雕刻工程，不仅雕刻技术日益精进，对儒家文化也在耳濡目染下有了更多的体会。

◎ 砚石沟当时也几乎无石可取，曲阜市工艺美术厂与石可协作在尼山五老峰下找到新的石坑，产量不大，仅供尼山砚车间利用。因此，尼山砚车间的规模也不大，培养的技术力量又少。据李春汉说，同侪仅3人，先后于上世纪90年代调离，此后尼山砚车间就没有再制作。

◎ 李春汉虽然离开了工艺美术厂，但20多年来，一直没有放弃尼山砚石的寻找和收集，并开辟工作室制作尼山砚。

图 7-15　尼山孔庙（赖城钊摄）

◎约朋友一起走遍了整个尼山山脉，也访遍附近村庄。『也就是两三年前，我们发现了新的尼山石，就在尼山脚下的村子里。』李春汉说。

◎谈起尼山砚的石材，李春汉认为他一直相信尼山石不会消亡，『那是因地质活动而产生的，虽然只有3到6厘米的薄薄一层，但是在尼山附近的地下全都有，只是大部分埋得很深，没办法开采利用。』

◎在李春汉的走访中，他发现有几座村庄有丰富的可使用的尼山石材，『我发现他们都拿那石头砌院墙，有一些明显是有年头了。但是，尼山石有个特点，特别容易风化，风化了之后就没法制砚了。我最后也就是在这些村子里找到了可用的尼山石的（图7-17）』。

◎砚本为石。其本质为石，其用途为文。今天哪怕人鲜少用砚来作书写之途，其石的本质则永不会消亡，自然史与文明史在这里产生了碰撞。在李春汉看来，今天的尼山砚是文化传承的载体，因此离开了尼山是不成立的。就好像，橘生淮南则为橘，生于淮北则为枳。

◎李春汉现在除了制作尼山砚之外，还任中国国际孔子文化促

图7-16 尼山孔庙书院背后的砚石沟（赖城钊摄）

进会、孔子文化发展促进会副会长。他告诉我们，他研发制作尼山砚及其系列艺术品不是以销售盈利为目的，与企业合作办起的艺术馆，主要用以展示他多年来创作的尼山砚，而且其中的得意之作，甚至数万元一件都不舍得出手，更有一部分自然天成的圣石绝品，有收藏爱好者出数百万元都打动不了他的心（**图7-18**）。

◎为了推广尼山砚，李春汉会把制作的砚台赠送书画名家，并求墨迹画作。李春汉说，他也会把尼山砚石赠送给当代有名的砚工，一般会送去两块，让砚工体验一下尼山砚石的特征，求这些制砚名家制作一方尼山砚以供展示，而砚工自己则也能留下一块。此外，李春汉还把尼山砚连同曲阜楷雕和碑帖精品一起展示出来，作为文化产品，靠着曲阜的旅游资源来传播尼山砚文化。

◎或许，这些引入当代传播与经营观念的举措，对传统的砚台来说，未尝不是一种可借鉴的方法。

◎山东地区的砚石自上世纪70年代末由石可推动而得名，将近半个世纪至今，终于也成立了鲁砚协会，统合山东的各个砚种。山东省鲁砚协会会长执行会长傅聿胜告诉我们，目前，

图 7-17　在尼山附近村落里李春汉近几年新发现的尼山石料（赖城钊摄）

鲁砚协会每年夏天都会举办砚文化培训，『今年举办到了第二届，请来了鲁砚和端砚的制砚大师。培训班面对各个砚种的年轻骨干，说文化，说制砚，说经营，为期近十天』。在培训班期间，也会要求鲁砚各砚种的制作者带来自己的得意作品，举办评选，傅聿胜会长也会邀请一些有经济实力与文化品位的朋友来参观评选前的陈列展示，他说：『这些朋友不一定是懂砚的，但是我们要通过这样的手段让他们先接触鲁砚试试，他们会是鲁砚潜在的收藏者与消费者。如果这些朋友看到喜欢的砚，我也要求制砚者尽量能以成本价格转让给他们。』凡此种种，一方面统合各个砚种，形成合力以利于行业发展、经营，一方面也为了让更多的人得以认识鲁砚及其背后的文化。

◎

制砚主要靠石，鲁砚之石成于洪荒的地质时代，伴随中国传统的书写文化与人文理想而兴，又随着信息时代的到来而被归于亟待抢救的文化遗产。如果说，隽刻在石碑上的文字是一种石头的记忆，以石为砚以为研磨器而利于书写的习惯也是一种石头的记忆的话，那么今时今日，我们取硅为主要原料的电子工业又何尝不是另一种石头的记忆呢。

图 7-18　李春汉制作的尼山砚（赖城钊摄）

图书在版编目(CIP)数据

中国古砚：考访与研究 / 上海博物馆编 . — 北京：北京大学出版社，2015.11
（博物新知丛书）
ISBN 978-7-301-26566-6

Ⅰ. ①中… Ⅱ. ①上… Ⅲ. ①古砚 – 研究 – 中国 Ⅳ. ① K875.44

中国版本图书馆 CIP 数据核字 (2015) 第 281041 号

书　　名	中国古砚——考访与研究 Zhongguo Guyan
著作责任者	上海博物馆 编
策　　划	郭青生　陈曾路
统　　筹	高秀芹
责任编辑	梁　勇
特约编辑	杨烨旻　吕维敏
书籍设计	曹文涛
标准书号	ISBN 978-7-301-26566-6
出版发行	北京大学出版社
地　　址	北京市海淀区成府路 205 号　100871
网　　址	http://www.pup.cn　新浪微博：@ 北京大学出版社 @ 培文图书
电子信箱	pkupw@qq.com
电　　话	邮购部 62752015　发行部 62750672　编辑部 62750883
印 刷 者	北京翔利印刷有限公司
经 销 者	新华书店
	889 毫米 ×1194 毫米　16 开本　9 印张　139 千字
	2015 年 11 第 1 版　　2015 年 11 月第 1 次印刷
定　　价	58.00 元

未经许可，不得以任何方式复制或抄袭本书之部分或全部内容。
版权所有，侵权必究
举报电话：010-62752024　电子信箱：fd@pup.pku.edu.cn
图书如有印装质量问题，请与出版部联系，电话：010-62756370